la

Disfruta la aventura de seguir en sus manos

mejor

obra

eulises gil

LA MEJOR OBRA
©2017 por **Eulises Josue Gil Suarez**

Edición: Diana Manzanero Márquez
Diseño: Juan Shimabukuro Design (@juanshima)
Pintura de Portada: Abisai Valenzuela Mendevil

ISBN: 9781718088610
CATEGORÍA: Vida Cristiana

IMPRESO EN MÉXCIO
SERVICIOS INTEGRALES EN ARTES GRAFICAS - IMPRESIONES

A Saraid, Mathias y Sofía...

Saraid... mi esposa, durante 9 años, has estado al frente junto a mí, en cada aventura de este viaje maravilloso que es, vivir y soñar a tu lado. Has estado allí en mis tristezas y mis alegrías, en tiempos de escasez y abundancia, de dudas y de fe. Eres el mejor regalo que Dios me ha dado para disfrutarlo en la tierra. Te amo demasiado.

Mathias... mi hijo, verte a los ojos es llenarme de inspiración y fuerzas para lograr cosas mayores, aprendo mucho de la vida a través ti. Te amo, eres único y, sobre todo, eres mi campeón.

Sofía... mi hija, eres hermosa, llenas de alegría nuestros días, le agregas significado a nuestras vidas. Te amo, eres un destello del cielo y, sobre todo, eres mi princesa.

contenido

Prólogo por Javier Jordán **7**

Prólogo por Emilio Frias **15**

La mejor obra **19**

Rostros **25**

Cementerio de sueños **45**

Sombras **61**

Límites **73**

Algo nuevo **85**

Nuevas temporadas **103**

Una mejor versión **117**

El mejor mensaje **127**

Reflejos **137**

Prólogo por Javier Jordán

El capítulo «rostros» hace eco profundo en mi corazón, no sólo por las verdades bíblicas que expone Eulises tocante al valor de la gente, sino además, por ser una bandera y una prioridad que corre por los tuétanos de nuestra organización Más Vida.

Hace mucho tiempo escuche la frase de un pastor que decía: «Amo el ministerio, pero la gente me cae mal», ¡Qué tremendo! Lo que está diciendo entre líneas es: La gente es un medio para lograr un fin, puedo servir a Dios sin involucrar mi corazón. Entiendo que mucha gente por alguna experiencia dolorosa, o por una motivación incorrecta, viven y hacen ministerio con este pensamiento equivocado, tratando de servir a Dios, ignorando, menospreciando, o maltratando lo que Dios más ama, a las personas.

Una iglesia que se edifica sobre esa filosofía, dará mucho más valor a los métodos, a las formas, a las reglas, a las posturas, a los protocolos, a las tradiciones, que a la misma gente; sin embargo, también encuentro que mucha gente se queda varada en esta conclusión y la usan como una justificación para no traer orden y estructura a sus ministerios, esto se vuelve una paradoja, es decir, en el afán de cuidar a la gente por encima de los métodos o programas, terminamos lastimando a las personas al no traer orden y claridad en nuestra organización.

Cuando se trata de amar y servir a la gente, como organización hemos lidiado de forma intencional con esta paradoja, quiero compartir un par de cosas que hemos hecho.

1. Hemos priorizado el tener líderes saludables

En primer lugar, no es igual sano a perfecto, si buscas líderes perfectos, deberás tener en tu equipo robots o extraterrestres, porque humanos perfectos no los encontrarás jamás.

Un líder sano es una persona que ha entendido que su aprobación y su valor viene de Dios, comprende que su identidad solo la puede dar el perfecto amor del Padre.

¿Cómo se ven estos líderes?

Gente que no pelea por un lugar en el escenario, que no pisa a otros por ganar un reflector, que está dispuesta a tomar culpas, que no encuentra en un título o posición una oportunidad para sentirse más o sobre los demás, que tendrán la flexibilidad y el criterio de ir más allá del método o la regla por servir a las personas.

¿Qué hemos hecho?

Nos hemos convertido en padres espirituales de otros, para que el día de mañana, ellos lo hagan con otros.

Hemos propiciado en nuestra gente, encuentros con el amor de Dios. Una persona que no está segura del amor del Padre, jamás podrá encontrar las fuerzas para amar, de la forma que plantea 1 Corintios 13, es hasta que el amor de Padre sana nuestro corazón, y Su voz te susurra al oído tu valor, que podemos amar hasta el extremo.

2. Hemos creado estructuras organizacionales que sirven a las personas y no al revés

Aquí es donde hemos descubierto realmente, que es un mito el hecho de que la organización está peleada con amar y servir a las personas, como mencioné en líneas anteriores, de hecho, somos fieles promotores de matar ese paradigma y eliminar el mito.

En una ocasión, mientras caminaba de prisa a una cita en alguna parte del café de la iglesia, un hombre me detuvo, me dijo con voz suave y suplicante:

La mejor obra

Pastor Javier puede darme 10 minutos para exponerle algo, seré muy breve, necesito que un pastor me escuche y me dé un consejo, (en otro tiempo me hubiese detenido a regalarle hasta media hora, hubiese orado por él, dado un buen consejo y si es posible le habría invitado un café).

Sin embargo, le conteste:

Sabes, voy dos minutos tarde con una persona con la que hice cita hace un par de días, pero si me acompañas, mientras caminamos, puedes exponerme tu situación en el pasillo, tomamos nuestros datos para vernos más tarde o puedo asegurar que otro pastor te atienda con gusto. Recuerdo que caminamos por varios metros mientras yo escuchaba atento lo que él exponía, sin embargo, en un momento aquel hombre se detuvo abruptamente, con enojo me dijo:

¿Qué clase de pastor eres?, ¿qué clase de líder me hace caminar hablando?, ¿te crees tan importante que no puedes darme tiempo? ¿acaso Jesús no se detenía a ayudar a las personas?

Somos la clase de personas que amamos a la gente, honramos nuestra palabra y estamos para servirte; le dije, si no tuviera a otra persona que pidió permiso en el trabajo una hora, para venir por un consejo para su matrimonio, con gusto tomaría el tiempo para estar contigo, es más, si fueras aquella persona que espera, me encantaría llegar a tiempo contigo, porque valoro el tiempo de la gente... (Lo demás es chisme... jajaja...).

No sé si con este ejemplo, se muestra cómo es que nuestra cultura latina, ha confundido el desorden, con amor; hemos llegado a pensar que el amor verdadero es el que se la pasa rompiendo reglas, viviendo en el caos, creo que en la Biblia, establece otra cosa, puede verse como en toda la creación Dios expresa orden, perfección, armonía, ciclos y bastante organización.

Jesús dijo en Mateo 5:17 (NTV).

«No malinterpreten la razón por la cual he venido. No vine para abolir la ley de Moisés o los escritos de los profetas. Al contrario, vine para cumplir sus propósitos».

Si recuerdas, Génesis relata que en el principio la tierra estaba desordenada y vacía, entonces Dios intervino trayendo orden al caos, ¿por qué lo hizo? Muy sencillo: Por amor. Él estaba preparando una tierra habitable para su máxima creación.

¿Qué hemos hecho en Más Vida?

- Hemos creado sistemas para atender mejor a las personas que quieren una consejería.

- Mantenemos un ritmo en nuestras juntas y reuniones semanales.

- Tenemos un calendario anual con las actividades globales de la iglesia.

La mejor obra

- Manejamos un horario de oficina, que nos ayuda a servir mejor a la gente.

- Nos evaluamos constantemente para mejorar.

- Manejamos nuestros recursos con un presupuesto estricto.

- Evitamos ofrecer cursos o clases al azar, somos flexibles a la necesidad de la gente para prepararnos.

- Creemos en las estadísticas y las manejamos con responsabilidad para la toma de decisiones.

- Usamos herramientas tecnológicas para simplificar procesos, sirviendo de esta forma eficazmente a la gente.

- Cuando somos fieles a esto, entonces también damos libertad de evadir cualquier sistema, programa, ritmo, u horario si se trata de la vida y el cuidado de una persona; al fin y al cabo, hacemos todo esto para servir al otro. Es decir, respetaremos sagradamente el sábado, hasta que el sábado deje de ser útil para servir a las personas.

Estoy seguro que, si logras extraer el relleno cremoso de este capítulo, no solo te ayudará en tus relaciones personales y familiares, sino también desatarás un potencial gigante en tu ministerio. Estoy convencido, que usar los lentes de Dios para ver a la gente, te cambiará la vida, alterando tu destino.

Javier Jordan
Pastor Ejecutivo Iglesia Más Vida
Morelia Mich. México

Prólogo por Emilio Frias

Durante el año 2014, pasé junto a mi familia varias pruebas donde vivimos días «oscuros», llenos de «sombras»; sentíamos que esos días, acabarían con nosotros. Hubo una situación en específico que nos tomó por sorpresa, fue un tiempo donde el temor y la muerte quisieron invadir mi vida. El 8 de mayo, nueve días después de la muerte de mi abuelita (murió de cáncer), fui diagnosticado con un cáncer agresivo. Recuerdo claramente ese día como mi esposa, de un mes y medio de embarazo, lloraba por escuchar las noticias, y por no saber que nos esperaba en el futuro.

Tuve una operación para remover la masa cancerosa, pero para nuestra sorpresa y para la de los doctores, el cáncer se había «corrido» hasta mi sistema linfático, estaba tan agresivo, que ni radiación ni una segunda operación hubiese tenido efecto. Recuerdo muy bien cuando el doctor dijo: lo que necesitas para tratar con el cáncer y prevenir que se siga corriendo por tu cuerpo, es la quimioterapia. Fue un tiempo difícil como familia, pero estábamos listos para emprender

La mejor obra

el «viaje» en esta carrera, sabiendo que Dios tenía en control. Fueron días largos, semanas eternas, pero después de exámenes, 3 operaciones, 20 sesiones y 70 horas de quimioterapia, mi urólogo me declaro en estado de remisión y libre de TODO cáncer.

Dos versículos que me ayudaron durante ese tiempo, y fueron clave para vencer cualquier temor que quiso invadir mi vida, son los siguientes:

«Den gracias a Dios en cualquier circunstancia. Esto es lo que Dios espera de ustedes» (1 Tesalonicenses 5:18, TLA)

«No se inquieten por nada; más bien, en toda ocasión, con oración y ruego, presenten sus peticiones a Dios y denle gracias. Y la Paz de Dios, que sobrepasa todo entendimiento, cuidará sus corazones y sus pensamientos en Cristo Jesús» (Filipenses 4: 6-7, NVI).

Yo no sabía el futuro que me esperaba, pero en todo momento como familia le dimos gracias a Dios, por lo que Él iba a hacer.

Si has leído este libro, te habrás dado cuenta que en sus páginas se encuentran palabras que no solo te impactan, sino que además te sirven como guía para las diferentes etapas de tu vida. Eulises, ha hecho un gran trabajo, trayendo historias personales, desde una perspectiva bíblica, para ayudarnos en nuestro diario vivir. Si estás pasando por un tiempo oscuro y ves sombras por todos lados, te animo a darle gracias a Dios, por lo que ha hecho en tu vida hasta este momento. Puede que no te encuentres en la mejor situación, pero estás vivo y en tu vida todavía hay un propósito. Mi pastor Joel Osteen una vez dijo, que toma el mismo tiempo quejarse y espantarse que dar gracias y adorarle. ¡Tú decide que harás hoy!

Yo decidí agradecer, confiar en Su Palabra, en las promesas que Él me había dado y no frenar mi «agenda» o diario vivir. Seguí viajando, predicando; nada cambió en mi día a día, de hecho, me dio hasta más ganas para ganar esta batalla como las Chivas le ganan al América... jajaja... Yo sabía, que ese cáncer no tenía cabida en lo que Dios quería hacer en un futuro. Hay algo que quiero que recuerdes, y que Eulises nos deja saber en estas páginas: «El temor no puede paralizar mi vida, solo debe recordarme que necesito de Dios para continuar.»

No te escondas, mira las situaciones confiadamente, Dios está a tu lado, y no te defraudará. Enfrenta al temor como David fue contra Goliat. Él pelea tus batallas, pero antes de que pueda darte la victoria, necesita que tengas fe y pongas en práctica lo que Él te ha dicho. Tú y yo somos protagonistas en la mejor obra y para continuar la transformación que Dios hace en tu vida, necesita que permanezcas confiando en su amor de Padre. Esta relación te ayudará a superar

La mejor obra

todo temor que enfrentes en el camino.

¡Me emociona lo que Dios tiene preparado para tu familia y tu vida!

Una última cosa: ¡MI DIOS ES LA NETA!

Emilio Frias

Pastor de Jóvenes Iglesia Lakewood (2010-2017)
Houston Texas EU.

capítulo 1

La mejor obra

...Solo Dios puede darle el significado original a tu vida.

La mejor obra, es una apasionada obra, donde encuentras una perspectiva enriquecedora acerca del mayor acto creativo de Dios: el ser humano. Es descubrir como ÉL nos ve, qué piensa acerca de nosotros.

La formación del hombre, es el cierre magistral de la mayor jornada creativa de Dios, a quien se le da un lugar por encima de todo lo demás creado para que el gobierne y administre; es el hombre quien recibe cualidades semejantes a las de su propio Creador, como un sello imborrable y de valor incalculable.

La Biblia dice:

«Cuando veo tus cielos, obra de tus dedos, la luna y las estrellas que tú formaste, Digo: ¿Qué es el hombre, para que tengas de él memoria, y el hijo del hombre, para que lo visites? Le has hecho poco menor que los ángeles, y lo coronaste de gloria y de honra. Le hiciste señorear sobre las obras de tus manos; Todo lo pusiste debajo de sus pies» (Salmos 8:3-6, RVR60).

Es extraordinario saber, que para Dios tú eres su mejor obra; tu valor sobrepasa cualquier valor, el de las

La mejor obra

grandes montañas, los hermosos mares y las estrellas. Por ello, necesitas escuchar su voz con mayor atención, que el resto de las voces, nadie podrá describir de mejor forma quien eres y cuál es tu potencial, ni saber hasta dónde serás capaz de llegar, si no aquel que te creo y formó en intimidad, entretejió tus huesos; solo Él conoce tu historia, mucho antes que vivieras un solo día. Tal como lo describe la Biblia en Salmos 139: 13-16 (NVI).

«Tú creaste mis entrañas; me formaste en el vientre de mi madre. ¡Te alabo porque soy una creación admirable! ... Mis huesos no te fueron desconocidos cuando en lo más recóndito era yo formado, cuando en lo más profundo de la tierra era yo entretejido... todo estaba ya escrito en tu libro; todos mis días se estaban diseñando, aunque no existía uno solo de ellos»

Me encanta imaginarme que somos como una pintura abstracta parecida a la que podemos observar en la portada de este libro, creo que lo somos principalmente porque cada persona puede dar una interpretación acerca de lo que ve en ellas; de igual manera, creo que sucede con nuestras vidas somos una obra abstracta y cualquier persona puede dar una opinión y una lectura diferente acerca de nuestra vida, algunos lo toman como oportunidad para descalificar o menospreciar nuestra apariencia y lo que realmente somos. Pero lo importante es que solo el creador de la pintura puede decirnos qué significado tiene y esto es precisamente lo que sucede con nosotros, estoy convencido que solo Dios puede darle el significado original a nuestra vida.

Si te preocupa demasiado lo que otros piensan de ti, es momento de darle mayor atención a lo que Dios piensa de ti.

> **Si te preocupa demasiado lo que otros piensan de ti, es momento de darle mayor atención a lo que Dios piensa de ti.**

Este libro no está centrado, únicamente, en lo importante que es aceptar, que eres la obra de mayor valor para Dios, sino también en afirmar que Dios sigue trabajando en tu vida, que en medio de los errores y problemas que has pasado, Él está dispuesto a continuar lo que comenzó en ti.

En este libro, encontraras el desafío de vencer el apego a los éxitos o fracasos del pasado, que te impiden avanzar; estoy convencido que las bendiciones que Dios tiene para tu vida son mayores que las que has disfrutado.

Al leer este libro, aprenderás que el miedo no puede paralizar tu vida, que solo es un recordatorio, de que necesitas de Dios para avanzar, y conquistar territorios nuevos. Por medio de este libro serás animado para abordar nuevas temporadas en tu vida, las cuales son importantes porque ellas provocarán encuentros

La mejor obra

diferentes y profundo con Dios, donde nuestra fe se renueva, además de descubrir habilidades que se encuentran ocultas en ti.

La mejor obra, es la invitación a reconocer que no existen límites en lo que queremos lograr, y esto es posible solo porque vivimos en un completo entendimiento de la gracia de Dios sobre nuestras vidas, que nos enseña a creer que es su poderoso amor, el que nos habilita para conquistar grandes cosas.

La mejor obra, es la necesidad de expresarnos tal y como somos: Únicos, Genuinos e Imperfectos; sería una tontería querer cambiar nuestra apariencia y perder nuestra originalidad, solo porque las personas no entienden o no les agrada lo que somos. Recuerda eres una obra de gran valor; Dios está dispuesto a llenar tu vida de significado, acércate a Él para que retomes tu posición y seas el autor principal de la historia que fue creada para ti.

La mejor obra, es mirar en Jesús el ejemplo perfecto de lo que nuestra vida puede ser, Él nos enseña a vivir descubriendo lo mejor de nosotros, amando a Dios sobre todas las cosas, y amando a las personas como a nosotros mismos.

Por medio de este libro, aprenderás a desarrollar una mejor versión de ti invitando a Dios a que continúe renovando tu mente y moldeando tu vida.

24

capítulo 2

Rostros

...El valor de las personas, por encima del resto de la creación de Dios y de todo sistema creado por el hombre.

La vida está llena de rostros, continuamente observo el rostro de cada persona a mi alrededor, podría decir que una de mis cualidades es ser visual, soy bueno memorizando los rostros y las cosas que veo, sin embargo, una de mis grandes debilidades, es no ser bueno memorizando los nombres de los rostros que veo, aunque puedo detenerme por segundos, observando los detalles del rostro de las personas con quien hablo, no consigo retener nombres.

El día de ayer, mientras escribía este libro en un café de la ciudad de Monterrey, en México, observé a una persona que conocí en algún momento, a través de un saludo. Meses después la veo en un lugar distinto, pensé, la he visto antes, es un rostro conocido; me fui al baúl de mis memorias, donde almaceno los rostros conocidos, allí lo encontré, simplemente me dije: mmm… esa persona me la presentaron en un restaurant hace varios meses…, eso fue todo, me quedé tranquilo sabiendo quién era.

El regalo de la vida se disfruta amando a la gente

La mejor obra

En los rostros, puedes ver expresado amor, temor, odio, felicidad, expectativa y muchas otras cosas. Durante más de 15 años de servicio a Dios, he mirado a los ojos de tantas personas, que recuerdo con satisfacción lo que Dios me permitió vivir con cada una de ellas, entregando alimentos como apoyo, hablando sobre la esperanza en reuniones de casa y en diferentes actividades, donde expresamos el amor por otros. Son tantos momentos llenos de rostros, que cada uno de ellos, le ha dado un gran significado a mi vida. Producto de estas experiencias, estoy convencido que cuando expresamos amor a los que nos rodean, empezamos a disfrutar la vida a plenitud.

La vida está llena de un continuo desfile de rostros, el por qué, radica en la importancia del ser humano aquí en la tierra, no en base a su dinero, sus bienes, sus títulos profesionales o su fama... ¡No!

El regalo de la vida se disfruta amando a la gente

Veo en la Biblia, como Dios afirma que las relaciones personales mejoran tu vida y son parte de nuestro crecimiento, como lo podemos leer en Proverbios 27:17 (NVI): «El hierro se afila con el hierro, y el hombre en el trato con el hombre».

En esta cita apreciamos, una similitud entre el proceso que ocurre entre dos metales para afilarse y lo que sucede en la relación entre dos personas. Mencionando así, como el hierro con el hierro se afila, se moldea, se trabaja por medio de la fricción, para crear una mejor pieza, igualmente nuestras relaciones personales, en constante interacción nos ayudan a crecer, aunque a veces te causen dolor, siempre tendrán la virtud de hacerte mejor.

No sé qué tanto dolor, te han causado algunas personas en tu vida, pero sí sé, que, si tú lo permites, esa experiencia sacará lo mejor de ti.

Las personas agregan sentido a nuestra existencia, en mi caso, por las que integran mi familia, me esfuerzo en mi trabajo para darles lo mejor, por ellos cobro ánimo y me lleno de felicidad, también por ellos sufro y sueño con un futuro mejor. Por las personas que sueñan y que están intentando lograr algo mejor en sus vidas, por ellas me inspiro a: escribir libros, preparar conferencias y seminarios que sirvan de apoyo, para superar sus problemas, encontrando a Dios y recibiendo herramientas prácticas, que los animen a cambiar esa situación que les causa dolor, frustración y desanimo.

Te pregunto:

¿Crees que la vida se puede disfrutar sin amar a otros? ¿Existe algo en el mundo con mayor valor que las personas?

Yo estoy seguro que no, no y no. Cuando pensamos que otras cosas son más valiosas que el ser humano, es el principio del abuso, la injusticia y la manipulación.

La mejor obra

Cuando reconocemos que las personas son lo más valioso que existe, entonces aprendemos amar a la gente por lo que son y no por lo que hacen; entendemos que las personas no son un objeto desechable, sino que son valiosas y forman parte del ciclo de vida de cada uno. Las personas que hoy están a tu lado apoyándote son valiosas, pero si mañana deciden irse no dejaran de serlo; tal como sucede con nuestros hijos hoy están en casa, los valoramos y amamos, pero lo más seguro es que, en un par de años, ya no estén, por eso no dejan de ser nuestros hijos, ni los podemos dejar de amar.

> **Para Jesús, la mayor manifestación de libertad, es amar.**

Algunas veces puedo sentir, que quizás no fui tan bueno valorando y amando a la gente, que formó parte de un proyecto en mi vida o parte de nuestro equipo de voluntarios en la iglesia, mucho más cuando dejaban de formar parte activa de ese proyecto, eso me ha preocupado. Sin embargo, hoy me enfoco en no repetirlo, intento mejorar, porque necesito expresarles que les amo, estén dentro o fuera de las actividades que hacemos, demostrarles que son muy valiosos para mí, porque lo son para Jesús y no por lo que hacen.

Necesito aprender dos cosas:

Primero: Amar a la gente, sin que ellos pierdan su libertad.

Segundo: Amar a las personas, cuando llegan a mi vida, y también cuando deciden irse.

Reconozco que los mayores avances en mi vida, los he tenido en contacto con otras personas: mis padres, mi familia, mis amigos, mis líderes y mi esposa; por eso sería un error, hoy en día, mostrarme indiferente con las personas que ayer estaban a mi lado, trabajando juntos para conquistar ciertas metas.

Lo mejor de mí, lo desarrollo amando a otros. Para mí, la persona que puede enseñarnos a desarrollar lo mejor de nosotros, expresando amor a otros, es Jesús: Él nos muestra con su vida que no podemos disfrutar de toda la creación, sino somos capaces de amar.

Para Jesús, la mayor manifestación de libertad, es amar.

Una vez, un experto de la ley le tendió una trampa y le preguntó: ¿Cuál es el mandamiento más importante de la Ley? Jesús respondió:

«Ama al señor tu Dios con todo tu corazón, con todo tu ser, con todas tus fuerzas y con toda tu mente» -le respondió Jesús-. Este es el primero y el más importante de los mandamientos. El segundo se parece a este: «Ama a tu prójimo como a ti mismo». De esto depende toda la ley y los profetas (Mateo 22:37-40, NVI).

La mejor obra

Amar, se convierte en la indicación más valiosa en la Biblia, por lo tanto, amar debe ser lo más importante en nuestras vidas.

Amar, es el catalizador de todos los dones, talentos y ministerios, porque sin ello nada tiene sentido, ni relevancia.

Amar a Dios, amarte a ti mismo y amar a tu prójimo te ayudarán a disfrutar la vida como Dios lo desea.

Me pregunto: ¿Qué significa para Jesús AMAR? En un intento por concentrar la respuesta, hoy te comparto este acróstico que me ayudará a responder:

A = Amistad

M = Misión

A = Acción

R = Reto

Veamos como Jesús nos enseña a AMAR, desde estas 4 palabras:

Para Jesús amar es... AMISTAD

En la Vida de Jesús nos encontramos con un hombre, que no solo se interesó en ser amigo, sino que escogió a personas imperfectas, como tú y como yo, para tener una relación de amistad; Jesús nos enseña que Él está interesado, en tener una íntima relación, con nosotros.

En la Biblia encontramos que Él se muestra como un amigo fiel, que siempre estará allí, aun cuando, en ocasiones le damos la espalda. Jesús con su propia experiencia nos enseña, que ser traicionados puede ser parte de lo que podemos vivir cuando tenemos una relación de amistad.

Yo creo, que la amistad se describe, como el privilegio que tienes de mostrarle a alguien, las heridas más profundas que tienes en tu vida, de confesarle tus temores, con un amigo puedes llorar con franqueza y reír con la libertad genuina de un niño, sin sentir el más mínimo de vergüenza.

¿Existe una persona en tu vida con la que puedes hablar de esta manera?

Desde niño, he escuchado una frase: «Es mejor estar solo que mal acompañado» esto parece una gran verdad, sobre todo para aquellas personas que han sido desilusionados por un amigo, llevándolos a pensar y sentir que mejor hubiese sido no conocer a esa persona. Luego de experiencias incontables, de desencuentros con gente cercana, de vivir desilusiones, puedo afirmar sin lugar a dudas, que ahora entiendo que Jesús nos enseña lo contrario, que Él nos demostró que «Es mejor estar acompañado, aún de personas imperfectas»; lo creo, porque Él conociendo que sus amigos no eran perfectos como Él, que se

La mejor obra

equivocarían y lo lastimarían, decidió tenerles cerca. Te mencionaré una cita que nos habla acerca de su decisión de hacer a sus discípulos, sus amigos:

«Nadie tiene amor más grande que el dar la vida por sus amigos. Ya no los llamo siervos, porque el siervo no está al tanto de lo que hace su amo; los he llamado amigos, porque todo lo que a mi Padre le oí decir se lo he dado a conocer a ustedes» (Juan 15: 13, 15, NVI)

El ejemplo del amor que Jesús nos habla en el verso anterior, lo podemos ver en el hecho, que Él sabía que uno de los doce apóstoles le traicionaría, y otro le negaría tres veces, pero por encima de eso, Él decidió amarles y compartir el pan con ellos horas antes de que esto aconteciera. El confió en sus amigos y les hablo mostrando su corazón y cada secreto que Dios le había dicho.

Jesús nos deja un desafío:

Ama a tus amigos, aunque ellos puedan abandonarte. Ama a tus amigos por encima de sus imperfecciones.

No hay duda que por encima de los ejemplos que he comentado, necesitamos tener relaciones de amistad para disfrutar la vida, de forma plena.

¡Hagámoslo! Por esos amigos, que serán como hermanos de sangre en momentos difíciles y que aportarán al desarrollo de nuestras vidas.

Para Jesús amar es... MISIÓN

Jesús nos enseña, que una misión o un proyecto tiene sentido si amas a la gente que forma parte del mismo, nos enseña que se debe amar a las personas que nos encontramos en el camino, a la realización de nuestros sueños. Te mencionaré a continuación como Jesús anuncia que Él amó a los que fueron parte de su misión;

«Se acercaba la fiesta de la Pascua. Jesús sabía que le había llegado la hora de abandonar este mundo para volver al Padre. Y habiendo amado a los suyos que estaban en el mundo, los amo hasta el fin» (Juan 13:1, NVI)

A lo largo de la Biblia se muestra como Jesús ama sin condiciones, un ejemplo de ello se encuentra cuando dice «y habiendo amado a los suyos», evidenciando que para Él amar fue y es parte esencial para culminar su tarea. Agrega de igual manera que los amó hasta el fin, no solo en cierto momento, ni cuando estaban sirviendo a su lado, o cuando le obedecieron, sino también cuando desobedecían, cuando escogieron que fuera crucificado y luego abandonado.

Con esto quiero puntualizar lo siguiente:

Debemos amar a la gente, cuando es parte de nuestro equipo y también cuando lo deja de ser.

La mejor obra

Las personas son valiosas por lo que son y no por lo que hacen.

> «Ningún sistema o método es más importante que la gente»

No menospreciemos el valor que tienen las personas, para lograr nuestros objetivos.

«La grandeza de un proyecto se mide por la cantidad de personas que son parte de él y por la cantidad de personas que son beneficiadas»

Esto me recuerda a un versículo importante en el contexto de lo que estoy comentando: «Hagan todo con amor» (1Corintios 16:14, NVI).

La cita anterior es clara, por eso creo lo siguiente: Si lo que estamos haciendo nos impide amar a la gente que es parte de ello, entonces debemos hacer cambios y regresar nuestra atención a lo más valioso, el ser humano.

«Ningún sistema o método es más importante que la gente»

En una ocasión escuchaba los consejos de uno de los Fotógrafos más famosos y exitosos de estos tiempos, su nombre es Platon Antoniou; en la entrevista le preguntaron ¿Cuál es tu método? ¿Cuáles son tus herramientas?, que hacen de tu trabajo algo increíble, él respondió: «Nunca debes dejar que tus herramientas, dominen tu mensaje». Los métodos se crean para facilitarle el trabajo a las personas, en este caso específico, las herramientas, afirma el fotógrafo, se crean para servir de apoyo a la creatividad. Por lo tanto, ni las herramientas, ni los métodos, pueden limitar la creatividad, sino que ambos están al servicio de quien los usa.

Si eres líder empresarial, pastor o padre recuerda que: «Un buen líder es aquel que sacrifica los métodos por la gente y no al revés». Como líderes reconocemos, que el precio más alto que pocos no estamos dispuesto a pagar, a cambio del éxito de un proyecto, es perder a nuestra familia, porque comprendemos que no hay nada más valioso que las personas que la conforman.

Tengo un par de años viajando, por todo México y por otros países, me ha tocado enfrentar ciertas realidades, donde el Pastor de una Iglesia, prefiere perder a sus hijos que perder sus métodos; no hay otra cosa más dolorosa para mí, que esto. Otro ejemplo que podría citar es la existencia de tantos divorcios a nivel empresarial, porque el líder, prefiere sacrificar su matrimonio, y no la forma de dirigir su empresa.

«Nuestro desafío como líderes radica no que tan lejos llegaremos, sino cuantas personas llegarán con nosotros»

La mejor obra

Es oportuno citar la frase, que una tarde mi amigo Joel Reyes publicó en sus redes sociales: «No usamos a la gente para edificar la iglesia, usamos la iglesia para edificar a la gente».

La esencia de la iglesia, es ser un hospital para enfermos, un lugar donde toda persona puede llegar para ser curada y restaurada, pero ¿Qué sucede si en el ánimo de construir un buen hospital, se pierde la posibilidad de cuidar y mejorar la vida de aquellos que la están edificando? Te pregunto: ¿Tendría algún sentido?

«La iglesia es una misión que principalmente sana, restaura y bendice a las mismas personas que la edifican»

Para Jesús amar es... ACCIÓN

Para Jesús amar requiere de acción, más que, de palabras. Muchas veces le costó perder su dignidad, frente al sistema religioso de ese tiempo, por hacer cosas como, comer con pecadores, acercar el mensaje a recaudadores, interrumpir la ejecución de una prostituta, entre otras acciones que bien se podrían seguir comentando. Una y otra vez, Jesús valoró más a las personas que necesitaban de un milagro y de un cambio, que su propia comodidad, Él cruzaba toda diferencia cultural y religiosa, solo por mostrar amor.

Me hago estas preguntas:

¿Qué tanto estamos dispuestos a perder por expresar amor a otros?

Jesús nos reta a amar aún a las personas que parecen no merecerlo

¿Seríamos capaces de dejar a un lado nuestras comodidades, diferencias, culturas e incluso poner en juego nuestra reputación, por mostrar el amor de Cristo?

¿Qué tan bueno podemos ser amando a los que piensan diferentes y que practican un estilo de vida opuesto al nuestro?, de la pregunta anterior, nace otra en mi mente:

¿Son más grandes nuestras diferencias, que nuestro amor por las personas?

Si nuestra respuesta a la mayoría de las preguntas mencionadas, es que no estamos dispuestos, que no dejaremos nuestras comodidades, que no somos buenos amando a lo que piensan diferentes y que las diferencias son más grandes que nuestro amor, entonces, estamos actuando como los fariseos y religiosos del tiempo de Jesús, que la Biblia describe que amaban solo de palabra y no de hechos, tu y yo pasamos a convertirnos en fariseos contemporáneos.

Nuestro desafío como seguidores de Jesús, es que con cada palabra de amor que digamos, debe nacer el compromiso de transformarla en una acción.

La mejor obra

Para Jesús amar es un... RETO

Jesús nos reta a amar aún a las personas que parecen no merecerlo, una muestra de ello, se encuentra en la siguiente cita:

«Ustedes han oído que se dijo: «Ama a tu prójimo y odia a tu enemigo». Pero yo les digo: Amen a sus enemigos y oren por quienes los persiguen, para que sean hijo de su Padre que está en el cielo. Él hace que salga el sol sobre malos y buenos, y que llueva sobre justos e injustos (Mateo 5:43-45, NVI).

Jesús no solo mostró amor y compasión por sus amigos, sino también por sus enemigos. Reconozco, que fui el primero en respirar profundo antes de aceptar este reto, principalmente por una situación particular, muy injusta para mi familia, mis hijos, mi esposa y para mí mismo, que hemos vivido desde hace más de 5 años.

Me gustaría platicarte de ello, en privado... jejeje...

Hace más de 5 años, le ofrecí apoyo a un familiar cercano, prestándole, el apartamento que, con mucho esfuerzo, habíamos comprado mi esposa y yo; lo hice para ayudarlo en el proceso de reiniciar su vida en la ciudad; se hizo por un período corto de tiempo, porque estaba en trámites de venta, el dinero que se conseguiría, lo necesitaríamos para comprar una casa en Monterrey, México. Además, ese apartamento, precisamente representaba la herencia, que hasta el momento habíamos construido para nuestros hijos. Meses después de que este familiar, comenzará a vivir allí, le comenté que ya estaba avanzada la venta, a lo que respondió que no se saldría del apartamento, que, en caso de querer sacarlo, sería con la policía o por la fuerza, porque él, por voluntad propia, no lo haría. Esto me encendió por dentro, así pasaron todos estos años. Por esta situación específica, yo no podía escribir este capítulo, no me sentía capaz de perdonar a mi único archi-enemigo (por llamarlo de algún modo… jejeje…); pero decidí hacerlo, decidí escribirlo, a pesar de que mi propiedad se devaluó tanto, que recientemente solo me pagaron por ella 3 veces menos del precio que debimos vender hace más de 5 años.

Te cuento esto porque decidí perdonarlo, entendí que no debo guardarle rencor, que necesito amarlo, a pesar del daño que nos causó, porque Dios también lo ama, además, seguirá siendo familia. Me cuesta mucho perdonar, pero me costará más, si no lo hago. Hoy decido, dejar atrás el daño que nos hizo, lo hablé con mi esposa y le comenté que no le guardaré rencor.

Al pasar del tiempo, Dios me dio la libertad en mi corazón, para soñar y creer que Él va a multiplicar lo poco que recibimos por la venta, estoy convencido que llego en un momento importante de nuestro ministerio, y que esto nos ayudará a impulsar varios proyectos, incluyendo la producción de este libro.

La mejor obra

William Paul Young, en su libro La Cabaña: «Vivir sin amar es como cortarle las alas a un ave

Te pregunto: ¿Estás dispuesta (o) a amar a tus enemigos?

Amar a nuestros enemigos, es un reto que viene de parte de Dios a nuestras vidas, para que podamos crecer.

Si no podemos amar todo pierde sentido en la vida. La Biblia dice:

«Si hablo en lenguas humanas y angelicales, pero no tengo amor, no soy más que un metal que resuena o un platillo que hace ruido. Si tengo el don de profecía y poseo todo conocimiento, y si tengo una fe que logra trasladar montañas, pero me falta el amor, no soy nada. Si reparto entre los pobres todo lo que poseo, y si entrego mi cuerpo para que lo consuman las llamas, pero no tengo amor, nada gano con eso (1 Corintios 13: 1-3, NVI).

Cuando dejamos de amar, dejamos de crecer. Todo lo que hagamos o tengamos en ausencia de amor, carece de valor.

Tomando la frase de William Paul Young, en su libro La Cabaña: «Vivir sin amar es como cortarle las alas a un ave».

Jesús aun en los días más oscuros amó a sus enemigos y una de las últimas oraciones la hizo a favor de las personas que lo habían crucificado: «Padre perdónalos porque no saben lo que hacen» (Lucas 23:34, NVI)

Su oración me convence de lo siguiente: Para Jesús amar es vivir.

Que cada rostro que veamos nos recuerde que, la vida es un regalo que se disfruta amando a la gente, entendiendo que las personas son valiosas por lo que son para Jesús y no por lo que tienen o por lo que hacen.

capítulo 3

Cementerio de sueños

...El abandono y desaparición de los sueños, se hace presente cuando dejamos de expresarnos tal y como somos: Únicos, genuinos e imperfectos.

Apenas han pasado un par de días, desde que disfrute de una película, donde una de las escenas más importantes, se realizó en un lugar conocido, que llamaban «el astillero donde los barcos mueren». Se trataba de una bahía donde eran llevado los barcos, que por alguna razón perdieron su tiempo de vida útil. En pocos segundos me pregunte: ¿Existe también un lugar donde los sueños mueren? Es posible que exista ese lugar, además que existan momentos en la vida, donde decidimos dejar morir nuestros sueños (propósito, anhelo, visión), quizás sin intención, pero al tomar ciertas decisiones, los dejamos a un lado, sin darnos cuenta.

Quiero hablarte de eso, precisamente de eso. Creo firmemente que cuando decidimos dejar de expresarnos tal y como somos: únicos - genuinos - imperfectos, estamos dejando a un lado nuestros sueños, perdiendo la posibilidad de ser los protagonistas de la historia que Dios desea que vivamos, que Él escribió para cada uno de nosotros. La verdad es, que esa historia no acepta dobles, porque solamente cada uno de nosotros puede ser el protagonista, esto también sucede

La mejor obra

> **Nuestros sueños mueren lentamente cuando dejamos de expresarnos tal y como somos: Únicos, genuinos e Imperfectos.**

cuando queremos vivir la vida de otros y hacemos una mala imitación de algo o de alguien.

Aclaro con respecto a lo antes mencionado, lo siguiente: En mi libro Crecer está en ti, comparto que es bueno admirar el éxito de otras personas, ya que esa actitud nos ayudará a crecer más rápido, si seguimos el camino de sus aciertos y evitamos sus fracasos. Pero ahora complemento lo dicho en mi libro anterior; debemos admirar y aprender de otros, sin perdernos en ese proceso, sin perder de vista quienes somos y cuál es nuestra visión, más aun, nuestro sueño de vida.

Este es un sutil llamado, a aprender lo bueno de otros, sin poner en riesgo lo que eres y hacia dónde vas; si no te encontrarás viviendo como aquel doble de una película emocionante, que sólo hará las escenas que el personaje principal no desea hacer, arriesgando tu historia de vida, y abandonando los sueños en el cementerio de los sueños.

Nuestros sueños mueren lentamente cuando dejamos de expresarnos tal y como somos: Únicos, genuinos e Imperfectos.

Cementerio de sueños

Creo que en este tiempo es muy común, que las personas muestren una apariencia falsa de sus vidas, unas de las razones por la que se ha hecho muy normal esta forma de vida, es la siguiente:

Hoy existe una tendencia en el uso de aplicaciones, que han encontrado un público masivo y diverso por la necesidad que existe, de mostrar sus vidas de una manera no auténtica. Por medio de estas aplicaciones, mejoran la apariencia física en cualquier fotografía que no les guste del todo, la función conocida como: «filtros», contiene amplias opciones para mejorar el color de piel, cambiar una imagen de color (a blanco y negro, para realzarlo, bajarle brillo, etc.); de esta forma, ocultar lo que no nos gusta de nosotros, del contexto, o de lo que se prefiera cambiar.

La verdad, debo confesar, que soy uno de los más beneficiados con esta función, con ella puedo ocultar un poco mis pronunciadas ojeras… jajaja… así como puedo mostrar una barba más completa… jajaja… Si soy sincero, me sale bien llena de un lado, pero del otro no. ¡Cómo nos ha ayudado esta función!, pero cuantas veces hemos creído, que quizás esto puede funcionar de la misma manera en la vida diaria.

Nos podemos llegar a sentir tan atraídos, de incluir esta idea en nuestras relaciones interpersonales, y hasta con Dios, que empezamos a ocultar quienes somos realmente. Intentamos cambiar nuestras lágrimas,

La mejor obra

por sonrisas fingidas, solo con la intención de encajar; cuantas veces queremos llenar de color nuestro presente, al menos de forma artificial, solo porque sentimos que la felicidad de otros, es más importante que la nuestra. Nos mostramos fuertes y ocultamos que estamos heridos, cuando por dentro nos estamos desmoronando.

Imagínate a Dios escuchándonos, cuando intentamos platicar con Él, tratando de aparentar y ocultar como nos sentimos, esta podría ser nuestra oración: «Señor, Dios Todopoderoso, gracias por las fuerzas que me das, por eso sigo adelante», cuando la oración que Dios espera de nosotros, por conocer nuestras circunstancias, es esta: «Papá, ayúdame me siento destrozado sin fuerzas, necesito de Ti para poder continuar». Dios aprecia una oración sincera, porque eso habla de que nos reconozcamos como débiles, que a través de sus fuerzas podemos ser fortalecidos e inspirados a continuar. Él quiere ayudarnos, y promete ser tu pronto auxilio en medio del problema que estás viviendo.

Cambiemos esa tendencia, vivamos expresando lo que realmente somos. Te explicaré el por qué creo, que Dios desea que seamos: Únicos – Genuinos -Imperfectos.

Únicos

El sentirte único, genera una mayor aceptación de ti mismo, porque entiendes que tienes algo que te hace especial, posees un par de cosas que otras personas no tienen, partes de tu cuerpo y de tu ser, que te distinguen de los millones de personas que viven en la tierra. Me encanta pensar que, no me falta lo que otros tienen, que tengo algo especial, que otros no.

Unos de los hábitos más dañinos, que puede tener el ser humano, es compararse con otros, esto lo distrae por completo del privilegio que tiene de disfrutar de una historia asombrosa, esa que espera por cada uno de nosotros. De ninguna manera aceptes la idea, de que hubo un error al momento de crearte, mucho más aun no creas que por eso, no tienes lo que otros sí.

Me encanta la manera que David, se expresa acerca de sí mismo:

«Tú creaste mis entrañas; me formaste en el vientre de mi madre. ¡Te alabo porque soy una creación admirable! ¡Tus obras son maravillosas, y esto lo sé muy bien! Mis huesos no te fueron desconocidos cuando en lo más recóndito era yo formado, cuando en lo más profundo de la tierra era yo entretejido Tus ojos vieron mi cuerpo en gestación: todo estaba escrito en tu libro; todos mis días se estaban diseñando, aunque no existía uno solo de ellos» (Salmos 139, NVI).

¡WOW! Él afirma «soy una creación admirable», estaba convencido que no era producto de un accidente, ni era una creación inconclusa o defectuosa, sino que Dios había hecho algo extraordinario, increíble y

La mejor obra

asombroso al momento de crearlo. David es identificado en la Biblia como «el hombre conforme el corazón
de Dios», es decir, era alguien que podía ver y llamar
las cosas, como Dios realmente las ve y las califica.

No cabe duda, eres una creación admirable para
Dios, Él te hizo extraordinario, en esto debes pensar
acerca de ti mismo, cuando te sientas tentando a com-
pararte con alguien más, o quizás cuando quieras afirmar que te faltan algunas cualidades para lograr tus
sueños.

David, también asegura que Dios estuvo allí cuando «era yo formado, cuando en lo más profundo de la
tierra era yo entretejido. Tus ojos vieron mi cuerpo en
gestación». Imagino que David caminaba, hablaba y
gobernaba con tal seguridad, que mostraba lo confiado que estaba, en que Dios lo había equipado, para
llevar a cabo su propósito, cada aspecto en él había
sido decidido por Dios, consideraba que estaba bajo
su supervisión. Su estatura, fuerza, apariencia, corazón, carácter, habilidades, todo, absolutamente todo,
estaba en las manos de Dios, eso lo hace una creación única.

Por último, menciona lo siguiente: retomo parte del
Salmo que cite poco antes «todos mis días se estaban
diseñando, aunque no existía uno solo de ellos», con
esto afirma, la existencia de una historia de vida que
fue escrita para él, llena de emociones, de sueños, de

aciertos y fracasos, todo como parte del propósito diseñado para él.

Existe una historia emocionante, única, llena de propósitos, que solo puede ser protagonizada por ti, no la desperdicies al querer vivir la historia de otros, es momento de ser tú mismo, valora lo que Dios ha hecho de ti, una creación admirable.

Ser genuinos, es una invitación a expresarnos como auténticos hijos de Dios

Genuinos

Me gustaría hablarte de lo que sucede en el momento, que aceptemos a Jesús en nuestras vidas, somos perdonados de nuestros pecados recibiendo así una nueva oportunidad, que nos permite comenzar una nueva vida. Cuando esto sucede, dejamos de creer en un Dios lejano, para comenzar a creer y confiar en el amor de un Padre, que nos da el derecho de ser sus hijos como un regalo. Encontramos en la Biblia, una importante cita, acerca de esto en Juan 1:12-13 (NVI):

«Más a cuantos lo recibieron a los que creen en su nombre, les dio el derecho de ser hijos de Dios. Estos no nacen de la sangre, ni por deseos naturales, ni por voluntad humana, sino que nacen de Dios»

Cuando somos hechos hijos, somos bendecidos con todo lo que le pertenece a nuestro Padre, por ello es

La mejor obra

importante entender, que cuando caminamos en la vida como hijos de un Padre amoroso, que desea lo mejor para nosotros, puertas nuevas se abren en el camino, su favor está sobre nuestras vidas. Nos bendice en una mayor proporción que nuestros padres terrenales, es por eso que cuando actuamos como sus hijos, Él no tarda en mostrarse como nuestro padre.

Ser genuinos, es una invitación a expresarnos como auténticos hijos de Dios, mostrando las características de un hijo que ha sido perdonado, amado y que está agradecido, porque sabe que su Padre se encargará de guiarlo al cumplimiento de su propósito.

Puedo entender si dices: «es difícil expresarme como hijo de Dios en la universidad, colegio, trabajo», y en cada lugar donde te desenvuelves, vivimos inmersos en una cultura diferente a lo que la Biblia enseña, una contracultura a todo nivel. A pesar de esto, quiero aclararte que ser hijos de Dios es mucho más sencillo y practico de lo que imaginas, ya que se trata solamente de imitar a Jesús, ser genuinos es ser y expresarnos como Jesús.

Imitar a Jesús… Es mostrar amor a otros: Créeme que en cada esquina encontrarás a alguien que te critique, no te valore, se enoje contigo, entre otras cosas; pero muy pocas veces encontrarás a alguien que te ame, desinteresadamente. El amor se convierte en algo que quien lo consigue en una relación, no lo quiere dejar ir, realmente es como encontrar un tesoro escondido.

Me pregunto: ¿Dónde están los hijos de Dios? ¿Dónde nos escondemos? ¿Quizás somos parte de las personas que no expresan amor?

Somos hijos y necesitamos actuar como tal; amando a la gente, perdonando y mostrando con hechos que les amamos, solo porque Dios les ama. No dejes de amar, o de aceptar a las personas porque no asisten a la iglesia, o van a una iglesia diferente, tampoco lo hagas porque ves que ellos practican pecados, que ya tú no practicas. Recuerda que el amor no debe funcionar como una escala de valores terrenales; según la Biblia el amor no es condicionado, solo se entrega, de esa manera las personas desearán tener lo que tú y yo hemos recibido. Somos los encargados de mostrar el amor de Dios a la gente. Cuando amas a las personas de esta forma, ellos verán a Dios a través de ti. Los cristianos debemos ser demostradores activos, del amor que está generación tanto necesita.

Sembrar amor siempre traerá bendición a tu vida, y te llevará a cosechar amor en el camino a tus metas.

Imitar a Jesús... Es practicar la compasión por otros: Es la oportunidad que tenemos de enfocarnos en las necesidades prácticas de la gente, y hacer lo posible para suplir esa necesidad. Sentir compasión, es estar centrado en mostrar amor al prójimo, de la misma forma que nos gustaría recibirla; es enfocarnos en la necesidad de las personas, y para sentirla es necesario valorar su dolor, hasta sentirlo como nuestro.

La mejor obra

En la historia conocida como «El buen samaritano» que la podemos encontrar en Lucas 10: 25-37 (NVI), Jesús enseña cómo actúa la compasión y de allí quiero mencionarte algunas tips prácticos, que nos ayudarán hacer compasivos:

1- Necesitamos aprender a sufrir juntos a ellos, desde esa perspectiva, debemos hacer lo posible para resolver la situación que les genera dolor.

Jesús nos enseña que no podemos ser indiferentes al dolor ajeno, por el contrario, debemos ser capaces de asumir como nuestra la necesidad de alguien, aunque no lo conozcamos.

2.- Tenemos que ser capaces de abandonar nuestro propio camino, para levantar a aquel que se encuentra en el suelo y sin posibilidades de continuar su camino.

¿Cuántas veces Jesús se detuvo en medio de su camino, solo para atender la necesidad de alguien? ¿Cuántas veces has sentido que Él se detuvo para escuchar tu oración y así ayudarte?

Sé que la tendencia hoy en día, es ver por tus asuntos, sin importar cómo este tu vecino o incluso tu familia, pero como genuinos hijos de Dios debemos ser la diferencia y finalmente ser como Jesús.

3.- Debemos ayudar a la gente, que parece no tener posibilidades, de recompensarte lo que hiciste por ellos, ni para devolverte lo que sea que hayas invertido en ellos.

Ser compasivo es poner la mirada en los más necesitados, esto formará un corazón correcto en el camino a tus sueños. Bendecir al necesitado, es tener un encuentro con Jesús.

Bendecir al necesitado, es tener un encuentro con Jesús.

«Necesitamos ser como Jesús por dentro y por fuera para ser guiados a nuestro propósito»

Imperfectos

Ser imperfectos, es reconocer que somos obras no terminadas, eso facilita el crecimiento personal, ya que representa nuestro deseo de aprender. Saber que siempre algo debe mejorar en nosotros, es ponernos en manos de Dios, para que Él saque lo mejor de cada uno de nosotros.

El mismo Pablo dijo lo siguiente:

«Hermanos, no pienso que yo mismo lo haya logrado ya. Más bien, una cosa hago: olvidando lo que queda atrás y esforzándome para alcanzar lo que está delante, prosigo a la meta para ganar el premio que Dios ofrece mediante su llamamiento celestial en Cristo Jesús. Así que, ¡escuchen los perfectos! Todos debemos tener este modo de pensar...» (Filipenses 3:13-15, NVI).

La mejor obra

A partir del versículo, puedo comentarte 4 consejos prácticos que nos ayudan a mostrarnos imperfectos:

1.- «No pienso que yo mismo lo haya logrado» (Tengo claro que no soy perfecto).

2.- «Olvidando lo que queda atrás» (Estoy dejando a un lado mi pasado).

3.- «Esforzándome para alcanzar lo que está delante» (Me estoy esforzando para lograrlo).

4.- «Prosigo a la meta para ganar» (Pase lo que pase, continúo hacia adelante).

La gente a nuestro alrededor y el mismo Dios, deben ver en nosotros, varias cosas, entre ellas: que no somos perfectos, que estamos dejando a un lado el pasado, que nos esforzamos para lograrlo, y que seguimos creciendo.

Dios siempre tiene mejores planes para tu vida, Él sabe cómo puedes llegar a desarrollar lo mejor de ti y cuál es el camino para hacer realidad tus sueños.

Tener el concepto correcto de nosotros mismos, nos ayudará a desarrollar el deseo de continuar creciendo, hasta llegar a la meta.

Para cerrar, les dejo tres frases:

Cementerio de Sueños se convierte en un recordatorio en tú vida para inspirarte a expresarte tal como eres, para lograr tu propósito.

Cementerio de sueños

Cementerio de Sueños es el lugar donde están sepultados los sueños de aquellos que decidieron vivir con filtros, mostrando siempre una versión falsa de sí mismos.

Cementerio de Sueños es el desafío a vivir sin apariencias, con la libertad de amarnos y aceptarnos cada día.

capítulo 4

Sombras

...El temor no puede paralizar nuestras vidas, solo debe recordarnos que necesitamos de Dios para continuar.

Llevo un par de años, con interrupciones en mis descansos nocturnos, por el llanto de mis hijos, Mathias de 7 años y Sofía de 3 años; ellos en sus habitaciones durmiendo, se despiertan de repente, asustados; al abrir los ojos, creen ver cosas o escuchar sonidos, que los llenan de temor, esto hace que nos griten desesperadamente para que acudamos al rescate. En ocasiones me asustan demasiado, porque han llegado a nuestra habitación abriendo de forma violenta la puerta, para entrar rápidamente y lanzarse a la cama para abrazarnos.

Una de esas noches, le pregunte a mi hijo: ¿Por qué tienes miedo? él me respondió: «Es que veo una sombra en la ventana, y creo que hay algo feo, que puede hacernos daño». Esta respuesta me permitió identificarme con lo que él sentía, aunque al ver a la ventana, me di cuenta que solo era la sombra de un árbol. Enseguida recordé, cuando era un niño, también sentía temor a las sombras, aunque éstas no representaban algo malo, pero a mi edad ellas cobraban formas espantosas, a veces tenían vida (esto lo digo en forma de broma, porque solo eran objetos que generaban

La mejor obra

esas sombras, pero en medio de la oscuridad y mi soledad, ellas parecían ser monstruos… jajaja…).

En base a esa experiencia llegué algunas conclusiones que deseo compartir:

1. De niños le tememos a las sombras de algunos objetos, pero de adultos el mayor temor es nuestra propia sombra, porque nuestros temores más relevantes se encuentran dentro de nosotros, desde allí nos paralizan, dominando nuestras vidas. Hoy, soy un adulto, tengo mayor criterio y decido a qué temerle, entonces cualquier cosa, persona o problema no tienen dominio sobre mí, solo yo acepto si me detendrán.

2. De niños el temor, a las sombras nos paralizan, nublan nuestro razonamiento, haciéndonos imaginar cosas horribles que no existen, éstas nos hacen perder nuestro descanso, y terminamos corriendo para alejarnos de eso que nos llena de miedo. Creo, que esto sigue ocurriendo en nuestras vidas de adultos, esas sombras que están dentro de nosotros, nos hacen perder la capacidad de tomar decisiones correctas, haciendo que corramos lo más lejos posible y abandonemos nuestros sueños.

Una noche llegue a pensar, si es cierto lo que mi hijo ve, es poco probable que ese monstruo grande y fuerte, se encuentre en la ventana o debajo de su cama, más aun, ¿Cómo el hecho de que yo llegue a su habitación, y me acueste a su lado es suficiente para que ese monstruo se vaya? Creo que no lo supero en tamaño, ni en fuerza... jajaja... Pero me llama la atención, que para mis hijos el hecho que su papá esté con ellos, es garantía suficiente de que nada malo les pasará.

3. Esta percepción de sentirse protegido, que observo en mi hijo cuando estoy a su lado, no es diferente a lo que vivo de adulto, porque en mi vida enfrento temores que estoy seguro, puedo superar, pero existen miedos a ciertas cosas, o episodios que reconozco están fuera de mis posibilidades, que me podrían paralizar, pero creo que basta con gritar fuerte, para llamar la atención de mi Padre Celestial, y que Él me llene de paz y seguridad. Aunque el riesgo de que algo malo me suceda sigue presente, yo estoy confiado, porque a mi lado se encuentra mi Padre, eso es suficiente.

> **El temor no puede paralizar mi vida, solo debe recordarme que necesito de Dios para continuar.**

La Biblia dice: «No se inquieten por nada; más bien, en toda ocasión, con oración y ruego, presenten sus peticiones a Dios y denle gracias. Y la Paz de Dios, que sobrepasa todo entendimiento, cuidará sus corazones y sus pensamientos en Cristo Jesús» (Filipenses 4: 6-7, NVI).

La mejor obra

Créeme, que esa paz la he recibido una y otra vez, ha sido suficiente para seguir avanzando, aun cuando lo que veo frente a mí, me aterra. La Paz que Dios puede darte en medio del temor, protege tu corazón y tus pensamientos, para que tomes el control de tus emociones, y tomes decisiones de forma correcta.

El temor no puede paralizar mi vida, solo debe recordarme que necesito de Dios para continuar.

4. Esta experiencia con mi hijo, me llevó a comprender que él no está confiado en mis fuerzas para defenderlo, a él no le interesa que tan grande es la sombra en su ventana, si yo estoy a su lado, él se siente seguro. Me hago esta pregunta: ¿En qué se basa mi hijo para sentirse tan seguro con mi compañía? Creo que la seguridad que siente nace de la certeza del gran amor que siento por él, eso lo llena de confianza.

En el amor de un padre se encuentra la clave de nuestra confianza, el problema cuando somos adultos, es que entre más nos alejamos de nuestro Padre celestial, más crecen los temores dentro de nosotros. Los temores inician con la necesidad del abrazo del padre, o en la falta de aceptación de que ahora somos sus hijos.

La Biblia dice acerca de esto en Filipenses 4: 6-7 (NVI):

«Y ustedes no recibieron un espíritu que de nuevo los esclavice al miedo, sino el Espíritu que los adopta como hijos y les permite clamar: << ¡Abba! ¡Padre! >> El Espíritu mismo le asegura a nuestro espíritu que somos hijos de Dios. Y, si somos hijos, somos herederos De Dios y coherederos con Cristo...»

5. Mi última conclusión es, que las primeras personas (Adán y Eva), empezaron a sentir temor luego de estar separados de su Padre, por causa del pecado que entró en ellos, al desobedecer a Dios y comer del fruto prohibido; por ello es importante y necesario regresar a los brazos de nuestro Padre, para tener confianza y paz en medio de lo que estemos viviendo.

Los miedos están con nosotros desde el principio, y estarán presentes hasta el final, pero no para dominar nuestras vidas, sino para llevarnos a los brazos de nuestro Padre.

Consejos para evitar que los miedos te dominen y paralicen tu vida

No corras

Sé, que tus pensamientos te dicen corre o morirás, pero recuerda que los temores, siempre estarán presentes en tu vida: en el colegio, en la universidad, en tu primer empleo, justo cuando vas a casarte, cuando ves que el dinero no es suficiente para cubrir el presupuesto de tu casa, al momento que llega la enfermedad, y así, una y otra vez aparecerán, entonces ¿qué sería de nuestras vidas si solo corremos al momento

La mejor obra

que llega el temor? Pasaríamos la vida huyendo y abandonando todo lo que hemos logrado, finalmente seríamos dominados por nuestros temores.

Por eso te digo el día de hoy, no corras, busca la compañía de tu Padre celestial que te llenará de confianza, te ayudará, traerá claridad a tu mente para tomar las mejores decisiones, dándote la victoria.

Su promesa para ti es: «Así que no temas, porque yo estoy contigo; no te angusties, porque yo soy tu Dios. Te fortaleceré y te ayudaré; te sostendré con mi diestra victoriosa» (Isaías 41:10, NVI).

No te ocultes

Cuando decidimos ocultarnos, los temores se hacen más grandes y empiezan a tener mayor fuerza en nuestras vidas, afectando todo lo que somos e incluso nuestro propósito de vida.

Hemos escuchado la historia de un profeta llamado Elías, al cual Dios usó para enfrentar a 450 profetas de Baal y cuatrocientos profetas de Acera, que eran mantenidos por la reina Jezabel; en esta historia, Dios le da la victoria a Elías frente a todo su pueblo, dejando avergonzado a los profetas. La parte narrada es bien conocida, pero yo quiero enfocarme un detalle bien importante y que parece ser irrelevante. La Biblia describe poco antes de esta historia lo siguiente: «Como Jezabel estaba acabando con los profetas del Señor, Abdías había tomado a cien de ellos y los había escondido en dos cuevas, cincuenta en cada una, y les había dado de comer y de beber» (1 Reyes 18:4, NVI).

Te has preguntado ¿Qué hacen 100 profetas en una cueva, cuando su propósito es dar a conocer el poder y el amor de Dios a su pueblo? ¿Si eran 100 profetas por qué no pudieron hacer lo mismo o mucho más que un solo profeta? La respuesta, puede ser simple, tenían tanto miedo que decidieron ocultarse, el temor paralizó sus vidas y afectó su propósito.

Recuerda: No debes ocultarte de tus miedos porque perderás tu propósito.

> **Los temores representan una gran oportunidad para crecer, si decides enfrentarlos.**

Enfrenta tus temores

Tus miedos se convierten en puertas que te dan acceso a grandes victorias, porque la mayoría de ellos están conectados con tus metas más importantes. Seré un poco más claro con algunos ejemplos: Quieres ser conferencista y tu mayor miedo es no poder comunicarte de forma correcta; deseas ser un extraordinario padre, y tu mayor temor es herir a tus hijos; te encantaría ser un escritor y tu mayor miedo es perder la inspiración.

Los temores representan una gran oportunidad para crecer, si decides enfrentarlos. Esto me hace recordar

La mejor obra

a David, quien había enfrentado el miedo a perder la vida una y otra vez, por proteger a sus ovejas. Tiempo después se levantó un hombre llamado Goliat, tan grande y fuerte que llenó de miedo a un ejército completo, a todo un pueblo, logrando dominarlos, incluso se burlaba de ellos porque no querían pelear; pero David sabiendo cómo enfrentar sus temores, le dijo estas palabras: «Tu vienes contra mí con espada, lanza y jabalina, pero yo vengo a ti en el nombre del Señor Todopoderoso, el Dios de los ejércitos de Israel, a quien has desafiado. Hoy mismo el Señor te entregará en mis manos y yo te mataré y te cortaré la cabeza...» (1 Samuel 17:45-46, NVI).

David lo enfrentó y derribo, golpeándolo en la cabeza con una pequeña piedra; él ganó la batalla, y con ella el respeto y el amor del pueblo, que tiempo después gobernaría.

Para enfrentar tus temores: Enfócate en lo grande que es tu Dios y no en lo grande que son tus miedos.

Regresa

Es posible, que los miedos hayan guiado tu vida, a un lugar que no perteneces, si hoy estas arrepentido por: correr cada vez que llega el temor, por estar en una cueva oculto, o por no enfrentar tus temores, es tiempo de regresar a los brazos de tu Padre celestial.

Hoy Dios afirma en tu vida estas palabras: ¡Levántate! Porque no te he dado un espíritu de timidez, sino de PODER, de AMOR y de DOMINIO PROPIO (2 Timoteo 1: 7, NVI).

Para continuar la transformación que Dios está haciendo en tu vida, requiere que permanezcas confiando en su amor de Padre, y esta relación te ayudará a superar todo temor que enfrentes en el camino.

capítulo 5

Límites

...La gracia de Dios rompe todos los límites, te hace libre para acercarte a Él y a sus bendiciones.

En medio de una rica comida y una buena platica con amigos, líderes y pastores en una ciudad al norte de México, recibí una palabra de parte de Dios la cual decía, que Él me había permitido cruzar fronteras, no sólo territoriales, sino de pensamientos, que nada de los procesos que había pasado para llegar hasta donde me encontraba habían sido en vano, que todos fueron necesarios, para llevarme a una nueva temporada de crecimiento. Esto fue algo significativo para mí, porque mi atención estaba centrada en el valor que tuvo la decisión de salir de Venezuela para ir a México; pero Dios me estaba afirmando, que no sólo había sucedido algo importante al cambiarme a otro país, sino que también se habían roto límites importantes, que existían en mi forma de pensar.

Esta experiencia me llevó aceptar, que no sólo tenemos límites o fronteras entre países, que nos impiden entrar en ellos, sino que, de igual manera tenemos en nuestras vidas límites no visibles, que nos impiden avanzar. Ahora, puedo entender que mi decisión de enfrentarme con algo nuevo, me ayudó a romper límites de pensamientos.

La mejor obra

La palabra límite, originalmente se refería a un sendero que separa una propiedad de otra. El sendero, era tierra de nadie por donde ambas partes podían transitar[1]

Los límites, conforman un lugar que no le pertenece a nadie, un lugar donde nadie puede quedarse a vivir toda la vida. Nuestros límites, solo deben ser una referencia objetiva de lo que somos, y de lo que hemos alcanzado hasta ahora; pero de ninguna manera, pueden convertirse en obstáculos que nos impiden creer, que podemos lograr algo nuevo, más aún, que podemos llegar más lejos.

Por último, los límites se convierten en excusas y suposiciones falsas que te impiden crecer. Me pregunto: ¿Cuántas conclusiones erradas se han convertido en límites que han impedido que logres tus objetivos? ¿Cuántas veces hemos quedado fuera de una competencia que nunca iniciamos porque veíamos límites, en vez de posibilidades?

Recuerdo una historia en Juan 5:1-9 (NVI);

«...Subió Jesús a Jerusalén. Había allí, junto a la puerta de las Ovejas, un estanque rodeado de cinco pórticos, cuyo nombre en arameo es Betzatá. En esos pórticos se hallaban tendidos muchos enfermos,

---

1   Fuente: etimologia.dechile.net

ciegos, cojos y paralíticos. Entre ellos se encontraba un hombre inválido que llevaba enfermo treinta y ocho años. Cuando Jesús lo vio allí, tirado en el suelo, y se enteró de que ya tenía mucho tiempo de estar así, le preguntó: -¿Quieres quedar sano? -Señor -respondió-, no tengo a nadie que me meta en el estanque mientras se agita el agua y, cuando trato de hacerlo, otro se mete antes. -Levántate, recoge tu camilla y anda -le contestó Jesús».

En ese tiempo, las personas enfermas que deseaban un milagro, se encontraban en ese lugar, con la esperanza de ser sanados, de ahí su nombre Betzatá, en otras versiones de la Biblia lo llaman Betesda, que significa «casa de la gracia o lugar de misericordia». Estos eran tiempos diferentes a los que hoy vivimos, principalmente porque tú y yo vivimos en una temporada conocida como «La gracia», que significa que nuestros pecados y enfermedades, fueron llevados a la cruz por Jesús, por medio de Él todos somos limpios, sanos y curados. El tiempo de la gracia, es vivir sabiendo, que no existen límites, para tener acceso a las bendiciones de Dios, a Su amor, perdón y milagros.

De esto quiero hablarte, pon mucha atención. Es posible, que hoy en día tengamos presente en nuestros pensamientos, límites que nos separan de las bendiciones de Dios. Nos encontramos estancados, aburridos de lo mismo, porque no dimensionamos que estamos viviendo en un tiempo, donde la gracia de

La mejor obra

Dios está sobre nosotros, por ende, no nos atrevemos a hacer algo nuevo, a arriesgarnos, a soñar con cosas mayores, porque visualizamos límites, que nos dicen que no.

En la historia de la Biblia que acabas de leer, podemos destacar al menos 4 límites, que las personas que vivían en otra temporada (llamada «La ley»), en la cual la característica principal era encontrarse lejos de Dios, por el pecado en sus vidas, de allí que pueda afirmar, que ellos tenían muy presentes los siguientes límites:

> **La gracia no tiene límites ni fronteras**

1. Limitados en recibir el milagro en un solo lugar

Para ellos Betesda, era el único lugar donde tendrían un encuentro con la misericordia y la gracia de Dios, así como nosotros creemos, que solo en la iglesia podemos tener respuesta de Dios. Es un error creer, que los milagros solo ocurrirán en nuestras iglesias o en ciertos lugares de nuestra casa, cuando realmente podemos tener un encuentro con su gracia, en cualquier lugar.

Entendamos, que es necesario arriesgarnos a pisar nuevos territorios, a iniciar nuevos proyectos, en busca de algo mejor, sabiendo que Dios va delante de nosotros y por medio de su gracia podemos lograrlo.

78

Si Dios estuvo contigo en tu éxito anterior, Él avanzará contigo para bendecirte en tu nuevo proyecto.

Muchas veces, los límites que existen en tus pensamientos te dicen que Dios está contigo en el lugar donde te encuentras, pero quizás no estará donde deseas moverte, y eso puede que te paralice.

Yo estoy convencido de lo siguiente: La gracia no tiene límites ni fronteras. Porque hoy, después de vivir en México, por más de 5 años, he podido ver la gracia de Dios sobre mi vida de manera increíble; he llegado a lugares donde nunca pensé que llegaría, he visto milagros, y respuestas de Dios a mi vida que nunca había experimentado viviendo en Venezuela.

2. Limitaciones en la forma que debían suceder las cosas

Ellos sabían, que existía una sola forma de ver a Dios actuando en sus vidas, y esta era, a través del movimiento de las aguas, no existía otra manera, por décadas había sido de la misma manera.

Nosotros actuamos con las mismas limitaciones, cuando nos enamoramos de la forma que Dios toco nuestras vidas hace años, queremos que siempre sea de la misma manera; con la misma canción, en el mismo asiento de la iglesia o a través de la voz de la misma persona. Peor puede ser, cuando esta «forma», la queremos enseñar, como el método único para que otros tengan respuesta a su necesidad, y puedan ver, que Dios está con ellos. Realmente, debemos entender que la gracia de Dios no se limita a formas, estructuras, ni métodos.

Dios desea tener una experiencia única contigo, lo puede hacer de muchas maneras; por medio de una canción, una película, un café, tus hijos, la naturaleza, el silencio y muchas más. No permitas, que las experiencias del pasado, se conviertan en una barrera, que te impida tener nuevas experiencias con Dios.

Dios pudo proveer a tu vida lo necesario a través de un trabajo en bancos por algunos años, pero Él también te proveerá por medio un trabajo en un corporativo de muebles o si decides servirle tiempo completo o si decides abrir tu propia empresa.

> **No existen métodos o formas, que limiten la expresión de un Dios vivo que desea expresarnos su amor.**

A través de los años como familia, hemos visto a Dios presente en nuestras vidas, en cada locura que hemos emprendido, Él ha expresado Su gracia y misericordia de muchas formas: por medio de personas, de canciones, del llanto, de la lectura, de la oración, de la risa, del arte y no sé cuántas otras más.

No existen métodos o formas, que limiten la expresión de un Dios vivo que desea expresarnos su amor.

3. Las oportunidades eran muy limitadas

Puedo imaginarme la escena, donde están presentes muchos enfermos alrededor del estanque, sin perder de vista el agua. Los ciegos, bien atentos con los oídos, al sonar de las aguas, todos acostados o sentados justo a la orilla, a la espera de esa oportunidad única, solo el primero en tocar el agua después de que el ángel moviera las aguas, sería sanado de cualquier enfermedad. Imagino aquello convertido en una competencia, donde solo el más atento y más rápido sería sanado, sin importar quién lo necesitará más, o quién era el mayor merecedor de misericordia, merecedor de un milagro.

Esto me recuerda una de las etapas más frustrante en mi vida, cuando era joven y deseaba comenzar a dar conferencias a jóvenes, o pláticas a grupos pequeños en la Iglesia; sentía que las oportunidades eran muy pocas, pues requería conocer de memoria casi toda la Biblia, además de comentar textualmente varios versículos mientras daba la conferencia. La verdad, no soy muy bueno memorizando, por más que lo intentaba no podía lograrlo; esta situación me hacía creer, que yo estaba compitiendo con todos los jóvenes a mi alrededor, que deseaban lo mismo; todos corríamos y memorizábamos lo necesario, para ser elegidos, solo uno llegaría a tomar el micrófono. En algún momento,

La mejor obra

esto se convertía en la carrera por la conquista de la oportunidad única, de ser escogidos.

Me pregunto: ¿Las oportunidades de verdad, solo son para algunos? ¿Acaso Dios nos da oportunidades escasas? ¿Quién dijo que solo hay una oportunidad para ti?

Lo anterior, solo sería válido y razonable si viviéramos en aquel tiempo en la orilla de ese estanque; ¡PERO NO HOY! vivimos en un tiempo donde sus misericordias son nuevas cada mañana. De qué nos serviría recibir oportunidades nuevas cada mañana, si ni siquiera intentamos algo nuevo, si no nos arriesgamos a cruzar la línea del confort, en busca de algo mejor para nuestras vidas. Podría agregar, que una de las razones por la cual no nos atrevemos a hacer cambios en la vida, es porque creemos que las oportunidades son escasas, más aún que, si nos equivocamos, no habrá manera de continuar.

> **El crecimiento lo encontramos en cada intento que termina en éxito o en fracaso**

Saber que tenemos un Dios de oportunidades con nosotros, debería desafiarnos a soñar e intentar algo diferente una y otra vez hasta lograrlo. Si no hay límites de oportunidades, tampoco podemos tener límites de intentos.

El crecimiento lo encontramos en cada intento que termina en éxito o en fracaso

4.- Se enfocaban en sus limitaciones personales

Observemos la respuesta del hombre, que tenía 38 años esperando en el estanque, con la esperanza de ser sanado; algo estaba por cambiar en su vida, Jesús llegó a ese lugar y le preguntó: «¿Quieres ser sano? Señor -respondió-, no tengo a nadie que me meta en el estanque mientras se agita el agua y, cuando trato de hacerlo, otros se meten antes». Este hombre se sentía tan limitado por su estado físico, que esto, le impidió responder la pregunta de Jesús, en vez de contestar: «si quiero ser sano», como lo anhelaba, solo se enfocó en sus límites.

Hoy, te puedes encontrar en el mismo lugar desde hace muchos años, porque estas enfocado en tus deficiencias personales, tus esperanzas se han centrado en otras personas. Cuántas veces hemos escuchado «Amigo ora por mí, que a ti Dios te escucha más que a mí»; tenemos muy marcada la idea, que son tan grandes nuestras limitaciones personales, nuestros defectos, que solo con la ayuda de otra persona podemos obtener respuesta de Dios. Vivimos como ese paralítico a la orilla del estanque, al margen de lo que podría ser ese encuentro con la misericordia de Dios,

> **La gracia no se limita por el pecado, la gracia te hace libre para acercarte a Dios.**

La mejor obra

observando cómo otros obtienen su milagro, y como Dios cambia sus vidas. Desconociendo totalmente que vivimos en un tiempo de gracia, de acceso total a un Jesús que entro a la historia de nuestra vida.

Ya no se trata de esfuerzos, ni de nuestras limitaciones personales, sino de su amor expresado en la cruz, que nos trajo libertad plena, para correr a Dios cada vez que lo necesitemos. No podemos depender de la oración de alguien más, ni de la bendición que otras personas puedan darnos para poder avanzar, dependemos de Su gracia que nos califica como herederos de todo lo que nuestro Padre tiene.

La gracia no se limita por el pecado, la gracia te hace libre para acercarte a Dios.

Te hago esta invitación:

Vive sin límites, derribando cada barrera que se levanta en tus pensamientos intentando detenerte.

Vive sin límites, soñando y emprendiendo, estando seguro que hay oportunidades nuevas para ti cada día.

Vive sin límites, disfrutando nuevos encuentros con el amor de Dios.

Vive sin límites, valorando como Dios se expresa a tu vida en cualquier lugar y de diferentes formas.

capítulo 6

Algo nuevo

...Lo nuevo está conectado a nuestra necesidad de: aprender, mejorar y crecer.

Inicio con una declaración importante: ¡Todos necesitamos algo nuevo! Si me preguntan el por qué, tendría que decir que, detrás de lo «nuevo» que llega a nuestras vidas, se encuentran un despertar de emociones que están dormidas, en su mayoría, y que se activan para ser parte de tu vida nuevamente.

Te invito a recordar cada nuevo episodio en tu vida que te ha guiado al desarrollo de nuevas habilidades, al descubrimiento de cualidades que desconocías por completo y que luego se convirtieron en actividades nuevas que te provocaron satisfacción y crecimiento.

Te comparto algunos ejemplos con la intención de ayudarte a ubicar esos nuevos episodios. Como olvidar, la primera vez que eres papá, los primeros días de clases en la universidad, la primera semana en tu primer empleo, las primeras pláticas que compartes en público, la primera novia… jajaja …, tu primera empresa, entre tantas experiencias más que marcan nuestras vidas, llevándonos, en su mayoría de los casos, a desarrollar una mejor versión de nosotros mismos. Un gran número de ellas, representaron un desafío a prepararnos y

La mejor obra

a exigirnos más como personas, a ser buenos en algo que antes, ni lo teníamos en mente; pero a partir de esto nació una pasión, una magia, que llenó de colores nuestros días, para borrar el recuerdo de aquellos tiempos sin sabor, aburridos por las rutinas.

Ahora, una vez recordado lo mágico que puede convertirse lo nuevo en nuestras vidas, me llena de curiosidad el por qué en ciertos momentos, empezamos a darle mayor valor e importancia a lo conocido, a esas rutinas que por años cumplimos y que de alguna forma generaron una sensación de «seguridad», basada en la creencia que tenemos todo en control, mientras sigamos en esa zona. Además, de crecer en nosotros un apego, un amor y una preferencia por el pasado, alejándonos más y más de la idea de experimentar algo nuevo en nuestras vidas.

Por eso me he preguntado: ¿Dónde se esconde toda esa energía que corría por nuestras venas cuando estábamos frente a una experiencia nueva? Preferimos llenarnos de límites y rutinas que generan seguridad y comodidad, que nos lleva a decidir, a no arriesgar más y conformarnos con lo que hemos logrado hasta ahora, sin darnos cuenta que nuestros mejores días están siendo consumidos por el conformismo.

¿Cómo vencer esa sensación que nos invita a pensar, que lo mejor se encuentra en el pasado? cuando Dios ha prometido que «las bendiciones postreras serán mayores que las primeras», que lo mejor se encuentra en nuestro futuro, que desde esa perspectiva desarrollaremos una vida emocionante, llena de expectativas y sueños. Tener nuevos comienzos en nuestras vidas, es decidir soltar la seguridad producida por los éxitos del pasado, para poder conquistar cosas mayores.

Todo lo antes mencionado, pasó por mi mente, mientras veía mi vida estancada, todo era predecible, y un poco aburrido; mi primer libro «Crecer está en ti», tenía más de un año publicado, la venta del libro no era, lo que había esperado, tampoco tenía muchas invitaciones para presentarlo, a través de conferencias. El panorama era bastante desalentador y hasta un poco molesto, por situaciones como por ejemplo el hecho de que mi esposa amenazó en varias ocasiones con regalar el primer tiraje de 1,000 libros, que seguían ocupando espacio en la sala de nuestra casa. Sé, que, si eres mujer, y estas leyendo, seguramente estás diciendo: ¡creo que ella aguanto mucho, yo los hubiese desaparecido!... jajaja... Comprendo que pienses así, eran 10 cajas grandes; en navidad, para que compaginaran con la temporada, le colocamos luces y adornos de Santa Claus... jajaja...

Si les digo la verdad, hable con Dios muchas veces y ya no encontraba explicación, hasta que una noche vino a mi corazón, algo que había escrito en mi libro «Crecer está en ti», recordando precisamente lo que me llevó a escribirlo, y es lo siguiente: Estoy convencido que Dios siempre anhela que llevemos frutos y

La mejor obra

tengamos crecimiento en nuestras vidas, solo que muchas veces depende de nuestras decisiones, de atrevernos a creer en sus promesas y a actuar para obtener esas bendiciones. Así que pude sentir que tenía que tomar una decisión, que me ubicaría muy lejos, de la zona de comodidad que me encontraba, llevándome a despertar, todo mi ser, porque me enfrentaría a algo nuevo.

Nuestros mejores días pueden ser consumidos por el conformismo.

Esa noche lo decidí, al día siguiente lo platique con mi esposa, ella estuvo de acuerdo conmigo, aun sabiendo, que nos moveríamos del confort al cual ya estábamos acostumbrados, pero que, a la vez, entendiendo que se acabaría el aburrimiento... jajaja... así que ¡lo hicimos! Soltamos áreas de nuestras vidas que daban seguridad económica y nos arriesgamos, creyendo que Dios tenía algo nuevo y mejor para nosotros. Después de eso, nuestra economía mejoró mucho, actualmente estamos a punto de llegar a los primeros 3,000 libros vendidos, a nueve meses de la decisión.

Luego de ver el cambio, producto de la decisión que tomamos, me di cuenta cuanto peso tenían en nosotros los pensamientos que nos impedían aceptar la idea de atrevernos a algo nuevo, porque ya teníamos más de 4 años envueltos en una rutina. Y ahora me pregunto: ¿Quién nos enseñó que en el pasado está lo mejor? Protegemos de tal forma ese pasado y esas rutinas, que nuestra vida pareciera formar parte de una película de Disney, en la cual tenemos un rol indispensable y que no podemos abandonar, somos ese cuento que leemos cada día antes de dormir, aunque lo sabemos de memoria y conocemos perfectamente cuál es el final, tratamos de no dormirnos... jajaja... porque realmente se ha vuelto aburrido.

Me interesé en conocer mucho más acerca de ese apego al pasado, y a las rutinas de las cuales se nos hace difícil salir y abandonarlas, entonces encontré en la Biblia, que el mismo Jesús reconoce lo difícil que se convierte abandonar lo conocido para ir por algo nuevo, esto lo podemos leer en Lucas 5:39 (NVI):

«Y nadie que haya bebido vino añejo quiere el nuevo, porque dice: «El añejo es mejor»

Estas palabras son el final de una historia, en la cual Jesús menciona que algunos escribas y fariseos, cuestionaban su conducta y de sus discípulos, cuando se atrevieron a hacer algo nuevo, mientras los demás a su alrededor hacían lo mismo. Me encanta esta historia, porque nos deja algunas enseñanzas importantes que nos ayudarán mucho. Te invito a disfrutarlas conmigo.

Primera enseñanza

Siempre que iniciemos algo nuevo seremos cuestionados por la gente alrededor, ellos dirán ¿Por qué

La mejor obra

simplemente no haces lo que todos están haciendo? Tratarán de desanimarte, si hay algo cierto, es esto: Lo más cómodo y «seguro», es caminar sobre una ruta, que fue trazada por alguien más que se arriesgó y se esforzó, hasta lograr su sueño. Pero ¿Qué se esconde detrás de esta comodidad? Se encuentra tu mejor oportunidad, tus mejores días, los sueños que no llegarán, al menos que vayas por ellos.

En el momento que dejamos de intentar cosas nuevas, perdemos conexión con los planes de Dios para nosotros hoy en día, los principios de la Biblia son eternos, yo lo veo de la siguiente manera: los tiempos avanzan en busca de la aplicación de la palabra de Dios; la Biblia nos enseña cómo ser un buen padre, buen administrador, buen esposo, pero esas palabras se encuentran en pausa para nosotros, hasta que llegue el momento de convertirnos en Padres y apliquemos lo que hemos aprendido, o hasta que empecemos a administrar el dinero, que recibimos por primera vez, o que llegue la tan esperada boda, para poner en práctica los consejos para ser buen esposo; y ser así finalmente, los protagonistas de esas promesas de Dios.

La historia, que te comenté al principio, se puede observar que todos continuaban haciendo las mismas cosas, que, dicho sea de paso, eran cosas buenas como: ayunar y orar; pero se estaban perdiendo de lo nuevo que Dios había acercado a sus vidas. Imagina lo ciegos, que nos hacen las rutinas, que puede pasar frente a nosotros el mismo Jesús y no alcanzaríamos a percibirlo. Sí, es así, las bendiciones de Dios pasarían desapercibidas, solo porque actuamos como ciegos, que memorizan sus actividades principales.

Por eso Jesús les respondió:

«¿Acaso pueden obligar a los invitados del novio a que ayunen mientras él está con ellos? Llegará el día en que se les quitará el novio; en aquellos días ayunarán».

Segunda enseñanza

Actuar de forma correcta, en el tiempo incorrecto no provocará los resultados que esperas. Esta escena me puso a pensar mucho, imaginando cuantos discípulos de Jesús, sintieron algo de remordimiento al ver a los demás ayunando y orando, mientras ellos comían y bebían, quizás pensaron ¿estoy haciendo lo correcto, debería orar y ayunar como ellos? Por otro lado, me imagino a los otros discípulos, juzgando a aquellos que solo comían y bebían, mientras ellos hacían lo que parecía más correcto.

Me gustaría destacar algo, Jesús no mencionó que orar y ayunar es malo, ni tampoco afirmó que comer y beber es malo, lo que dejó claro es, que ambas deben hacerse dentro del tiempo correcto.

La mejor obra

Era el tiempo de aprender, a los pies del hijo de Dios, para renovar sus mentes durante los días que Él estuviera en la tierra, era hora de hacer historia, el momento de sumarse a la misión más importante: «Dar buenas noticias, hacer milagros y ser testigos del sacrifico por nuestros pecados».

La oración y el ayuno son importantes, hay poder en ellos, pero estaban fuera de tiempo, tal como Jesús lo dijo: «Llegará el día en que les quitará el novio; en aquellos días ayunarán»; esto nos dice que, por muy correctas que sean las cosas que estamos haciendo por meses o años, sino están en el tiempo de Dios para tu familia o tu ciudad, debemos atrevernos a cambiar y a hacer algo nuevo.

Un ejemplo sencillo, para ilustrar lo anterior: Sujeta tu recibo del servicio eléctrico, observa la fecha límite para pagarlo, aparta el dinero correspondiente y decide pagarlo dos días después de la fecha límite, cuando lleguen a tu casa a suspender el servicio, le comentas que tienes el dinero, pero que decidiste pagar dos días después, de seguro te miraran extrañados, sin dejar de suspender el servicio, aunque hiciste lo correcto, decidir que pagarías, lo hiciste en tiempo incorrecto, por lo tanto, los resultados no fueron los esperados.

Ahora, te invito a que felicites a tu esposa, 3 días después de la fecha de tu aniversario de boda, con suerte ese día duermes en el sofá... jajaja... le dirás amor hice lo correcto ¡te estoy felicitando! hasta traje un regalo, ella te responderá: ¡No es el día correcto, como puedes olvidar una fecha tan importante!

Necesitamos estar dispuestos a emprender algo nuevo, aun cuando eso signifique dejar a un lado rutinas que parecen correctas, el cambio te permitirá alcanzar nuevas metas.

Tercera enseñanza

Si deseas algo nuevo, debes estar dispuesto a hacer cambios en tu manera de pensar.

Jesús contó esta parábola a unos escribas y fariseos:

«-Nadie quita un retazo de un vestido nuevo para remendar un vestido viejo. De hacerlo así, habrá rasgado el vestido nuevo, y el retazo nuevo no hará juego con el vestido viejo. Ni echa nadie vino nuevo en odres viejos. De hacerlo así, el vino nuevo hará reventar los odres, se derramará el vino y los odres se arruinarán. Más bien, el vino nuevo debe echarse en odres nuevos. Y nadie que haya bebido vino añejo quiere el nuevo, porque dice: 'El añejo es mejor'» (Lucas 5:36-39, NVI).

Jesús inicia la parábola, con la palabra «nadie» que implica una negativa rotunda, ya que deja claramente definido que: ni Dios, ni Jesús, ni ningún ser humano dejaría que el vino nuevo, que representa algo nuevo

La mejor obra

que viene de Dios, se desperdicié; es como decir que nadie romperá un vestido nuevo, que puede representar algo de mucho valor, para coserlo a un vestido viejo (algo de poco valor), en ambos casos sería un desperdicio, por demás ilógico.

Dejando claro esto; podría agregar que, Dios no pondrá algo nuevo en tus manos sino estás dispuesto hacer cambios; este es un desafío que nos presenta Dios: permanecer siempre abiertos, a ser reprogramados en nuestra manera de pensar, cada vez que sea necesario, para que Dios encuentre en tu vida, el lugar donde poder vaciar algo nuevo y valioso.

Te menciono uno de los tantos versículos de la Biblia donde Dios nos invita a esta renovación de nuestra mente:

«No os conforméis a este siglo, sino transformado por medio de la renovación de vuestro entendimiento...» (Romanos 12:2, RVR60).

En este versículo vemos una indicación precisa a no conformarnos, a no estar satisfechos o resignados, con algo o alguien; por el contrario, nos invita a la renovación, al cambio de una cosa vieja o sin validez por otra nueva.

Es por lo anterior, que puedo afirmar que, para vivir episodios nuevos y emocionantes en nuestras vidas, debemos hacer cambios constantemente. Te hago estas preguntas:

Algo nuevo

¿Qué estás dispuesto a cambiar?

¿Qué tanto serías capaz de reestructurar tu mente?

Frecuentemente escucho personas que comentan, que les llego una nueva oferta de trabajo, quizás la más esperada por ellos, pero que lamentablemente no podrán aceptarla, al preguntarles: ¿Por qué, si es tu mejor oportunidad? Ellos responden cosas como estas: es que me quedará a 40min de distancia de mi casa, mientras que el trabajo donde estoy ahora me queda solo a 15min; es que en mi trabajo actual conozco a mis compañeros y allá no conozco a nadie; es que luego con quien voy a platicar, si mi amiga no se iría conmigo; y así podría continuar. Ante esto digo: ¡No lo puedo creer!, tienen frente a ellos la oportunidad de sus vidas, y la dejarán perder, porque en su forma de pensar, no hay cabida a algo nuevo.

Cuantos ministerios truncados, cuantos matrimonios destruidos, por no querer cambiar, usando como escudo frases como estas: «Yo soy así de grosera, quien me quiera que me aguante», «Yo no tengo paciencia para soportar a la gente y sus problemas», «Yo siempre he trabajado solo, no me gusta trabajar con nadie». De esa manera, se despiden de la posibilidad que algo nuevo y mejor llegue a sus vidas, no quieren cambiar su forma de pensar, tienen años con situaciones definidas y plantadas en la cabeza.

La mejor obra

> Dios no pondrá algo nuevo en tus manos sino estás dispuesto hacer cambios

«Acércate a Jesús con el deseo de renovar tu mente, para que Él pueda hacer algo nueva en tu vida»

Una mente renovada, ve y percibe las oportunidades actuales porque está alineada a la perspectiva de Dios. Dejamos de crecer, cuando nuestra perspectiva no está a nivel de la perspectiva de Dios.

Ahora veamos esto: ¿Qué sucedería si Dios deposita algo nuevo en tu vida y/o iglesia, pero no tienen una mente renovada? Responderé estas preguntas retomando la parábola comentada en la Tercera Enseñanza:

«Nadie quita un retazo de un vestido nuevo para remendar un vestido viejo. De hacerlo así, habrá rasgado el vestido nuevo, y el retazo nuevo no hará juego con el vestido viejo. Ni echa nadie vino nuevo en odres viejos. De hacerlo así, el vino nuevo hará reventar los odres, se derramará el vino y los odres se arruinarán. Más bien, el vino nuevo debe echarse en odres nuevos. Y nadie que haya bebido vino añejo quiere el nuevo, porque dice: 'El añejo es mejor'» (Lucas 5:36-39, NVI).

1. Perdemos personas:

El odre, en esta parábola representa la mentalidad de las personas, entonces: Cuando menciona que el odre se romperá porque no podría soportar el vino nuevo, quiere decir que la estructura mental se rompería, produciendo daños en la persona, en vez de beneficios.

Te lo explico con el siguiente ejemplo: Si esto sucediera dentro de una organización, los odres serían representados por aquellas personas que son parte de ella, pero que decidieron no abrir sus mentes al cambio, y además se opusieron a lo nuevo. Quiero reconocer que esto lo he vivido en organizaciones que he dirigido, y en otras donde he formado parte del equipo que se encarga de contagiar a la gente para que acepten lo nuevo, explicándoles los beneficios que vendrán para la organización y para ellos. Te confieso que a pesar del trabajo que se hizo, siempre existieron personas que se negaron a aceptarlo, tiempo después se sintieron ofendidas, heridas, a la final se salieron de la organización, en busca de otra que se ajuste a su mentalidad.

En conclusión, las personas que se niegan al cambio y a lo nuevo en sus vidas las terminarás perdiendo en tú organización, pero lo más doloroso es que la mayoría de ellas salen sintiéndose lastimadas o menospreciadas.

> «Acércate a Jesús con el deseo de renovar tu mente, para que Él pueda hacer algo nueva en tu vida»

2. Se pierde el vino

Como mencioné anteriormente, el vino representa lo nuevo que Dios desea depositar en tu vida, cuando éste se derrama producto de la ruptura del odre, representa el desperdicio que hacemos de la oportunidad de disfrutar lo nuevo y fresco que Dios depósito en nosotros.

Aplicando este concepto a una organización, el vino desperdiciado representaría una visión o proyecto nuevo, que fuimos incapaces de valorar y retener. Esto sería doloroso, ya que conocemos que ese proyecto nuevo viene de parte de Dios, fue pensado para atender las necesidades actuales de cientos o miles de personas.

3. Se pierde lo más valioso

Considero que una de las cosas más importante que podemos aprender de esta parábola, es que no todos tenemos el privilegio de alcanzar nuevos y mejores resultados, algo que creo, la mayoría de las personas desean.

Lo más valioso es beneficiar o bendecir a más personas, por lo tanto, si no hay renovación en nuestra mente, muere la posibilidad de tener un mayor alcance y una conexión con las nuevas generaciones.

Por eso no cabe duda de que «Dios entrega sus mejores ideas a personas que desean algo nuevo y diferente».

Querido amigo, lo nuevo está ligado a nuestros deseos más profundos de: Aprender, mejorar y crecer. Te aseguro que lo nuevo es contagioso, y provoca muchas cosas buenas en nosotros, eso te lo explicaré en más adelante.

Oremos juntos para que Dios, el especialista en hacer todas las cosas nuevas como dice: 2 Corintios 5:17, haga en tu vida una nueva creación y empiece en este momento algo nuevo en ti, convirtiendo tu vida en algo emocionante y lleno de expectativas, porque sus bendiciones futuras, siempre superan las bendiciones del pasado.

Dilo conmigo: ¡Es tiempo de algo nuevo y mejor para mi vida! Hoy decido renovar mi mente, para no perder lo nuevo que Dios quiera traer a mi vida, y para que Él pueda continuar perfeccionando la obra que inicio en mí.

capítulo 7

Nuevas temporadas

...Escenario ideal para que Dios deje una huella más profunda en ti.

Los nuevos episodios mueven el piso de todo nuestro ser, exigiendo mucho más, de lo que estamos acostumbrados a dar cada día. Recuerda cuantas veces, una nueva temporada en tu vida te llevo a los pies de Jesús, cuantas otras te ayudaron a dimensionar el gran valor que tiene tu familia, y cuantas más hicieron de ti un empresario, un músico o un líder.

Para mí, el año 2016 fue extremadamente dinámico, desafiante y emocionante, me exigió constantes decisiones, nuevos esfuerzos, y sobre todo mucha fe, tanto que, en los últimos días de ese año, me sentí en una encrucijada emocional, experimentando sentimientos de frustración, cansancio, a la vez que sentía alegría por las metas cumplidas y agradecimiento a Dios, por lo que me había permitido vivir, pero sobre todas las cosas, llegó a mi vida un profundo deseo de algo nuevo. Pensé, necesito un giro muy pronunciado en ciertas áreas, para poder crecer mucho más. Entonces, regresé al estudio de mis prioridades y propósito de vida, encontré que ciertas cosas tenían que finalizar, que algunos ciclos tenían que cerrarse, aunque amara lo que hacía, eso me impedía avanzar hacia lo nuevo, y lo mejor que Dios había preparado para un 2017 realmente increíble.

En las líneas que continúan, te mencionaré tres cosas positivas que provocarán las nuevas temporadas en tu vida:

1. Lo nuevo provoca una fe mayor y renovada:

Cuando nos negamos a vivir episodios nuevos, avanzamos con una fe del pasado, lo nuevo te ayuda a cambiar una fe desgastada, por una fe vibrante, esto se debe a que la fe en esencia, funciona para darle vida a las cosas que no existen, o no puedes ver aún. Si nos conformamos con lo que tenemos y con lo que somos actualmente, seguiremos con una fe desgastada, a pesar de, que te ayudó a llegar a donde estás, no te servirá para conquistar nuevas metas.

Para darte un ejemplo de esto, te comento la vida de un hombre que es nombrado por la Biblia como el «Padre de todos los que tienen fe», cuya historia me parece súper interesante, me refiero a Abraham, quien es mencionado como uno de los Padres del pueblo de Dios, por ser al igual que otros personajes bíblicos, de gran importancia. En él reposaba la promesa de Dios para el pueblo de Israel, y para una nueva descendencia; sin embargo, a este hombre, Dios le otorga una distinción, algo diferente a los demás, que podemos ver en Romanos 4:11-12 (NVI):

«... Por tanto, Abraham es padre de todos los que creen...»

Por años las personas se han hecho esta pregunta: ¿Por qué a Abraham se le otorgó esta distinción? Quiero mencionar algunos momentos de la vida de Abraham, que considero de gran importancia y relevancia a la hora de una posible respuesta.

Abraham tuvo que tomar constantes decisiones de fe, que requerían de una fe mayor, donde nos enseña como «de la fe de un hombre nace una nueva nación»:

En las líneas siguientes, te menciono algunas de las decisiones de fe más importantes que Abraham tomó, sin tener algo visible o seguro, verás cómo se hizo merecedor de esta distinción:

Deja atrás todo lo conocido

Abraham decide abandonar a su familia y su tierra que son reflejo de cosas como: comodidad, seguridad, prosperidad y apoyo, todo por obtener la promesa que Dios le da. Esta nueva temporada para Abraham inicia con la siguiente indicación que recibe de Dios:

«El Señor le dijo a Abraham: Deja tu tierra, tus parientes y la casa de tu padre, y vete a la tierra que te mostraré. Haré de ti una nación grande, y te bendeciré; haré famoso tu nombre, y serás una bendición» (Génesis: 12:1-2, NVI).

La mejor obra

lo nuevo te ayuda a cambiar una fe desgastada, por una fe vibrante

Aunque versículos más adelante, se refleja la situación de Abraham en la tierra donde vivía, la cual me lleva a calificarlo como un hombre exitoso; tenía, sirvientes, esposa, bienes acumulados y tierras. Él cree en la promesa de Dios y considera que es necesario dejar atrás el éxito obtenido para alcanzar algo mayor, porque Dios le estaba prometiendo una «NACIÓN GRANDE», precisamente esta decisión exigió de Abraham, una fe nueva.

«Para alcanzar sueños grandes necesitamos una fe nueva»

Deposita toda su confianza en Dios y no en sus propias fuerzas

Abraham es desafiado a un nuevo nivel de fe, cuando Dios le dice:

«...No temas, Abram. Yo soy tu escudo, y muy grande será tu recompensa. Pero Abram le respondió: -Señor y Dios, ¿Para qué vas a darme algo, si aún sigo sin tener hijos, y el heredero de mis bienes será Eliezer de Damasco? (Génesis 15:1-2, NVI).

En esta ocasión Abraham es desafiado a creerle a Dios, por encima de sus propias posibilidades físicas,

108

Abraham tenía casi 100 años y su esposa, bastante anciana, ya no menstruaba, todo indicaba que no era posible tener hijos, pero Dios le dice: No te preocupes, tendrás un hijo, y Él creyó nuevamente.

Es probable, que nosotros, en cualquier otra circunstancia, también le preguntaríamos a Dios ¿Para qué? para qué ese proyecto o sueño nuevo, que nos parece imposible obtenerlo; en medio de la desesperación, podemos estar seguros de que no es posible lograrlo. Pero realmente si es posible, la única condición para que suceda, es creer en Dios por encima de la lógica humana, es decir, tener un nivel mayor de fe. Porque: «Donde tus ojos ven cosas imposibles, Dios ve nuevas bendiciones para ti»

Entrega a Dios su mayor bendición

En esta ocasión Abraham es sometido a prueba por Dios. Él le pide que entregue la bendición que tanto ama, esa que ha recibido; Abraham la entrega, demostrando que cree en Dios, que cree que sí Él lo ha bendecido una vez, lo hará de nuevo y de mejor manera. Dios le dice:

Toma a tu hijo, el único que tienes y al que tanto amas... ofrécelo como holocausto...» (Génesis 22:2, NVI)

Una gran enseñanza encontramos aquí: El amor a las bendiciones recibidas, pueden ser obstáculo para

La mejor obra

recibir algo mayor, si no somos capaces de atrevernos a creer en Dios nuevamente. Lo vemos en la vida de Abraham, como aumentó su fe frente a un nuevo desafío, y como después de eso Dios le promete que recibirá una bendición mayor:

«y le dijo: -Como has hecho esto, y no me has negado a tu único hijo, juro por mí mismo -afirma el Señor- que te bendeciré en gran manera, y que multiplicaré tu descendencia como las estrellas del cielo y como la arena del mar. Además, tus descendientes conquistarán las ciudades de sus enemigos» (Génesis 22:16-17, NVI).

Ama las bendiciones que Dios te ha dado, sin que ellas se interpongan entre tú y Dios, para que puedas creer que Él puede darte una bendición nueva y mayor.

2. Lo nuevo provoca encuentros diferentes y más profundos con Dios

Es inevitable leer las historias del Antiguo Testamento, sin observar cómo frecuentemente el pueblo de Dios tenía encuentros con Él; estos eran sumamente valiosos para ellos, por eso en cada ocasión se tomaban un tiempo para edificar un altar, poniéndole un nombre significativo al lugar donde vivieron la experiencia, donde tuvieron el encuentro. Te menciono algunos de ellos:

- Jehová-Nisi; el Señor es mi estandarte // Exodo17:15

- El Elohé Israel; El Dios de Israel, o poderoso es el Dios de Israel // Génesis 33:20

- Heb. Jehová-Jireh; Jehová proveerá // Génesis 22:14

> **«Donde tus ojos ven cosas imposibles, Dios ve nuevas bendiciones para ti»**

- Jehová-Salom; Jehová es paz// Jueces 6:24

Tener un encuentro con Dios, nunca será cosa de suerte o algo que no tiene importancia, por el contrario, cada vez que tienes nuevos encuentros con Dios, habrá un motivo importante para ello, lo que le agrega un significado trascendental a tu vida. No solamente el momento que Dios cambió nuestras vidas, en el primer encuentro es importante, sino también aquellos constantes encuentros que se dan en nuestro día a día con Él. Todos son necesarios para tener una espiritualidad, llena de significados y propósitos.

Precisamente, cuando llevamos una vida demasiado lineal, donde evitamos la posibilidad de experiencias diferentes, es cuando dejamos de conocer a Dios desde otras perspectivas, en las que Él desea mostrarse a tu vida.

La mejor obra

Te lo explicaré de la siguiente manera:

¿Dónde conoceremos al Dios de Paz? No es solo en medio comodidad, sino también en medio de la incertidumbre.

¿Dónde conoceremos al Dios que provee? No es solo en momento de abundancia, sino también a través del tiempo de escasez.

¿Dónde conoceremos al Dios poderoso? No es solo en momentos de plenitud, sino también en tiempos de calamidad.

El permanecer en territorio conocido, nos hace sentir seguridad y confianza, en nuestras propias fuerzas, pero no en Dios. El permitirte experimentar lo nuevo en tu vida, te llevará a conocer a Dios más como tú amigo fiel, padre, proveedor, protector, entre otros; de esta manera estarás agrandando y profundizando la huella de Dios en tu vida.

¡Reacciona! esa comodidad que sientes y ese conformismo, no debe detenerte para ir por tus sueños y por la promesa que Dios tiene para ti. Porque precisamente «la mejor versión de ti se desarrolla en una dependencia total en Dios»

3. Lo nuevo me impulsa a desarrollar todo mi potencial

Cuando nos atrevemos a exponernos a nuevas experiencias y a diferentes contextos, descubrimos habilidades y dones en nosotros, que no sabíamos que teníamos, pues jamás había pasado por nuestra mente. En mi vida, he experimentado cambios, y he tomado decisiones que me llevaron fuera del área de lo conocido y sacaron lo mejor de mí, desarrollando hábitos que años después siguen generando crecimiento, te mencionaré una de las experiencias que más marcaron mi vida:

Recuerdo con claridad, quien era antes de tomar la decisión de entrar a la Academia de Bomberos de Maracaibo en Venezuela, un momento ¡aclaro no es broma! Sé que no me imaginas con un traje de bomberos, y mucho menos con una manguera de agua en la mano... jajaja... pero es totalmente cierto, aún reconozco que sigo descubriendo todo lo que esa nueva etapa en mi vida me cambio, y cómo saco lo mejor de mí. Un joven de casa, al cual le daban todo lo necesario; estudios, alimento, vestido, entre otros, hasta que todo cambio. De repente en casa, mi papá quedó sin trabajo y empecé a trabajar en tiendas donde vendían ropa, hasta que hice todo el trámite y las pruebas para ingresar en la Academia en busca de una seguridad económica, un trabajo estable, además de recibir algo que aportaría mucho a mi vida. Recuerdo haber pensado que, si moría «literal» en el intento, solo me llorarían mis padres... jajaja... no estaba casado, ni tenía hijos, apenas contaba con 17 años.

La mejor obra

Fue en ese entonces, donde muchas cosas cambiaron positivamente en mi vida, para siempre; a través de esa etapa nueva en mi vida que incluyó un entrenamiento físico extremo y un aprendizaje teórico totalmente novedoso para mí. Entre las cosas que he identificado que cambiaron a partir de ese momento, están las siguientes: mi carácter, mi mentalidad-razonamiento, mi percepción acerca de mis limitaciones, mis emociones, en otras palabras: fue un gran aporte a mi transición a la madurez. Sin lugar a duda, hoy escribo este segundo libro, gracias a las cosas que viví, en esta etapa nueva de mi vida.

«la mejor versión de ti se desarrolla en una dependencia total en Dios»

Desde esa experiencia, me di cuenta de lo que soy capaz de hacer, con mis fuerzas, con mis manos, al salvar la vida a otras personas, con mi mente en momento de extremo estrés, por situaciones muy peligrosas, mi capacidad de trabajar en equipo, entre otros.

Te pregunto: ¿Cuándo fue la última vez que aceptaste hacer algo nuevo? ¿Cuándo fue la última vez que descubriste en ti una nueva habilidad?

El desarrollo de nuestro potencial, está muy ligado a nuestra percepción de plenitud y de satisfacción en lo que hacemos y en lo que somos; es por eso que, en diferentes momentos en nuestras vidas, nos llega el aburrimiento, el deseo de cambiar algo, en nuestra dinámica de vida, nos frustramos al no tener la vida que soñamos, todo esto porque nos limitamos a hacer cambios, y sobre todo a permitir cosas nuevas en nuestras vidas.

En la Biblia se habla de un hombre, que fue uno de los doce discípulos de Jesús, que al decir si, a un cambio propuesto por Jesús, dio un giro a su vida que lo llevó a ser otra persona diferente, Él le dijo: «te haré pescador de hombres», y la historia de este discípulo, Pedro, cambió. Él era un pescador, sin preparación académica y de personalidad impulsiva; al aceptar esta nueva etapa en su vida, desarrolla lo mejor de él. En la Biblia, podemos observar lo que Pedro llega a ser: Portavoz de los doce discípulos, el más cercano a Jesús, nombrado como piedra sobre la cual se edificará la iglesia, líder importante de los primeros creyentes, y escritor de 2 libros de la Biblia: 1 Pedro y 2 Pedro.

No sé si puedes notar, que pareciera que habláramos de dos personas totalmente diferentes, pero no es así. Estos cambios empezaron a suceder una vez que, Pedro entra en un terreno desconocido, en una dinámica de vida muy diferente a la que tenía antes, muy lejos de su zona de comodidad.

La mejor obra

Lo nuevo representa un ambiente, donde tus fuertes sentidos de superación te llevan a descubrir tu mayor potencial. Acéptalo con muchas expectativas porque «detrás de una puerta llena de incertidumbre, se encuentra el despertar de tus mejores habilidades».

Por último, siempre recuerda que: las nuevas temporadas son un escenario favorable, donde Dios trabaja en tu vida para dejar una huella más profunda.

capítulo 8

Una mejor versión

...El desarrollo de una dependencia total en Dios, dará como resultado una mejor versión de nosotros.

Una de las diseñadoras gráficas estadounidense más famosa de este tiempo, Paula Scher, reconocida por sus trabajos épicos, usando como base las tipografías, utilizó una frase que me encantó, al momento de expresar su arte: «Me emociona saber que aún no he creado mi mejor obra».

¡WOW! Sé que, si estas palabras hubiesen nacido de mí, no tendrían tanta relevancia, no estoy ni cerca de lograr, todo lo que ella ha logrado... jajaja... el comentario lo hago desde la impresión que me causa, el que ella después de lograr ser, lo que muchos críticos y especialistas consideran la mejor diseñadora que ha existido en las últimas cuatro décadas, han titulado algunos de sus trabajos como sus mejores diseños; sin embargo, ella reconoce que aún no ha creado lo mejor.

Me pregunto: ¿No es ésta la manera más adecuada de ver nuestra propia vida? ¿Soy actualmente la mejor versión que Dios espera de mí?

Actualmente, cuando enfrentó desafíos y tomo decisiones importantes me encuentro cada vez más seguro

La mejor obra

que la versión Eulises-2010 tomaría decisiones diferentes, suelo imaginarme que sucedería en un debate de ideas y convicciones entre mi versión de hoy y la de aquel entonces. Esto me ayuda a comprender todo lo que Dios ha trabajado en mi vida hasta ahora, tantas cosas que han mejorado día a día por medio de: éxitos y fracasos, de risas y llantos. Mi vida es una colección de intentos que han finalizado en éxitos y fracasos, pero ambos han formado una mejor versión de mí.

Aprendí que la vida se mide en intentos, no solo desarrollamos una mejor versión de nosotros, en los momentos que parecen una fotografía perfecta, sino en aquellos momentos que bien podrían parecerse a escenas oscuras, llenas de dolor. Hoy entiendo, que lo peor es no intentarlo; no soñar, no arriesgarte, no apasionarte por algo nuevo, en otras palabras, quedarte igual. Ahora comprendo, que no intentarlo, es de igual manera una decisión muy riesgosa.

El conformismo, es la ausencia de intentos por conseguir algo mejor para nuestras vidas, siempre hay oportunidad para mejorarla. Somos una creación asombrosa de esencia progresiva. Dios nos creó con una capacidad de desarrollo impresionante, Él sigue siendo parte activa en esas mejoras en nuestras vidas.

Me encanta la afirmación del versículo que menciona, que Dios ha iniciado una obra en nosotros, pero lo más importante es que sigue trabajando en nosotros;

Una mejor versión

«Estoy convencido que quien comenzó tan buena obra en ustedes la irá perfeccionando hasta el día de Cristo Jesús» (Filipenses 1:6, NVI)

No cierres tu mente y corazón, porque Dios está trabajando en tu vida para mejorar lo que hoy eres. Una de las formas que la Biblia expresa como Dios sigue trabajando en nuestras vidas, es a través de la analogía de que nosotros somos «barro» en Sus manos y Él es «el alfarero» quien forma nuestras vidas, sin descansar hasta conseguir hacer de nosotros algo bueno.

Veamos cómo nos enseña a través del libro de Jeremías 18:1-6 (NVI)

«Esta es la palabra del Señor, que vino a Jeremías: <<Baja ahora mismo a la casa del alfarero, y allí te comunicaré mi mensaje>>. Entonces bajé a la casa del alfarero, y lo encontré trabajando en el torno. Pero la vasija que estaba modelando se deshizo en las manos; así que volvió a hacer otra vasija, hasta que le pareció que le había quedado bien. En ese momento la palabra del Señor vino a mí, y me dijo: <<Pueblo de Israel, ¿acaso no puedo hacer con ustedes lo mismo que hace este alfarero con el barro? -afirma el Señor-. Ustedes, pueblo de Israel, son en mis manos como el barro en las manos del alfarero.

De este mensaje que recibió Jeremías, quiero afirmar lo siguiente:

> **Mi vida es una colección de intentos que han finalizado en éxitos y fracasos, pero ambos han formado una mejor versión de mí.**

Seguimos en construcción

Estás en Sus manos aún, esa es una buena noticia, Dios está trabajando en tu vida, a la profundidad que tú estás dispuesto a confiarle. Estar en sus manos es estar en el mejor lugar, el Alfarero está agregando lo necesario, quitando lo que está estorbando en tu vida, con la firme intención de crear en ti algo bueno. El Alfarero no desecha el barro, lo usa para crear algo bueno.

Seguimos siendo formados, ¡eso es emocionante! porque muchas veces ni pasa por nuestra mente, lo que Dios hará con nuestras vidas. Identificamos en qué momento comenzó todo, pero no sabemos cuándo terminará la obra en nosotros, por lo tanto, presentemos nuestros corazones y nuestra mente, moldeables, porque Dios hará una mejor versión de ti.

No dejes que la gente que señala tus imperfecciones, te detenga; sigue avanzando hasta que Dios termine la obra en ti. No te desanimes por lo que hoy eres, recuerda que estas en construcción, aún no eres una obra terminada.

Si algo sale mal, Dios puede comenzar de nuevo

En medio de una plática, mi amigo Ulises Oyarzún, me hizo varias preguntas, entre ellas rescato algunas: ¿Quién dijo que la vida se trata solo de metas? ¿Qué sucede si las cosas no salen como tú piensas y no logras tus sueños? Luego de pensar, buscando entender un poco, lo que pretendía con sus preguntas. Él me explica, que muchas veces enseñamos que debemos lograrlo, soñar y emprender, pero si algo de eso no funciona entonces ¿Se acaba la vida? y luego fue más directo ¿Qué si algo sale mal en tu proyecto de vida y ya no puedes dedicarte a eso que está en tu corazón? Entonces, yo respire profundo y dije …mmm… ¡Yo intentaría algo más! pero no me quedaría tirado, estoy seguro que continuaría y comenzaría algo nuevo.

no intentarlo, es de igual manera una decisión muy riesgosa.

Esta plática me ayudó a recordar, cuantas veces mi vida ha girado, producto de proyectos que fracasan por cualquier motivo, incluyendo aquellas que salen de nuestras posibilidades, pero de todos esos proyectos, estoy seguro que mientras me encuentre en las manos de Dios, hay oportunidad para nuevos comienzos en mi vida.

La mejor obra

> **No te desanimes por lo que hoy eres, recuerda que estas en construcción.**

Hoy puedo decir, que amo México, el país donde he vivido por más de 5 años; me gusta lo que está sucediendo en nuestras vidas, he intentado muchas cosas, algunas funcionaron, otras no, pero si llega el tiempo de un nuevo comienzo en otra ciudad o país tendré paz, porque sé que sigo en las mejores manos, que me dan cuidado y seguridad.

Como familia, hemos iniciado varias empresas; podría mencionar entre ellas, una de capacitación, otra de venta de hamburguesas, etc.; la más reciente, un Restaurant, hace pocos días cerramos las puertas, con el dolor propio de un fracaso, sabemos que lo más importante es lo que ese intento y ese esfuerzo produjo, como desarrollo en ciertas áreas de nuestras vidas.

En ocasiones, los fracasos son episodios de dolor, que harán florecer lo mejor de nosotros. Aprendamos a no medir la vida en solo aciertos y fracasos, sino en procesos que aportan enseñanzas, en intentos como lo dije al principio. La meta no lo es todo, lo importante es el crecimiento que vas experimentas en tu vida.

Tu vida en las manos del Alfarero podrá deshacerse, pero Él comenzará de nuevo hasta sacar lo mejor de ti.

Recuerdo las palabras de Job, un hombre que sufrió la pérdida de todo, lo que podría hablar de éxito en su

124

vida: la familia, los amigos, las tierras y las propiedades, este hombre expresa lo siguiente:

«Recuerda que tú me moldeaste, como al barro; ¿Vas ahora a devolverme al polvo?» (Job 10:9, NVI).

Una descripción abierta al dolor, que representaba todo lo que le había ocurrido, pero aún reconocía que seguía en las manos de Dios y que Él podría darle un nuevo comienzo a su vida. No importa lo que estés pasando en tu vida, y que tanto hayas fallado, si estás en sus manos Él hará algo mejor de ti.

Él tiene el poder para hacer de ti algo extraordinario

Nosotros como «barro» no ordenamos al «Alfarero» qué hacer, sino más bien, Él es quien tiene la autoridad de hacer de tu vida algo extraordinario.

«¿No tiene derecho el Alfarero de hacer del mismo barro unas vasijas para usos especiales y otras para fines ordinarios?» (Romanos 9:21, NVI).

La gente no tiene la autoridad para detenerte, solo Dios determina que tan lejos puedes llegar. Por encima de lo que te suceda, por encima de lo que la gente diga, está la decisión de Dios, de hacer de ti una mejor versión. No huyas del proceso de formación que Dios tiene en tu vida, Él en su momento dará por terminado algo extraordinario en ti.

La mejor obra

En ocasiones, los fracasos son episodios de dolor, que harán florecer lo mejor de nosotros.

No hay mejor noticia que saber que la mejor obra (las personas), siguen en las manos de su creador y esto me lleva a estar convencido, de lo siguiente: La mejor versión de ti se desarrolla en una dependencia total en Dios.

capítulo 9

El mejor mensaje

...Comunicar el mensaje de Jesús, provocará una mejor vida.

Actualmente se produce tanta información por segundo, que recibimos de diferentes maneras, haciendo un poco complicado decidir con qué quedarnos y qué apartar, esto con el fin de que lo que hablemos después, no sea producto de una mezcla desordenada de tanta información en nuestra mente. Lo que hablamos es consecuencia directa, de lo que hemos obtenido como información o lo que hemos aprendido por experiencias, nuestro mensaje está estrechamente ligado a lo que llevamos por dentro.

Como personas que conocemos de Dios, debemos comprender que nuestro mensaje de vida, y principalmente el mensaje que compartimos con las personas que no han tenido un encuentro con Dios, no puede ser la expresión de frustración, sufrimiento, temor y malas noticias, primeramente, porque eso habla de lo que estamos llenos, segundo porque lo que sembramos en ellos con nuestro mensaje, es finalmente lo que cosecharemos.

Es por ello, que necesitamos darle un gran valor a lo que hablamos y a lo que hemos convertido en nuestro

La mejor obra

mensaje, porque éste tiene un poder increíble, no sólo para quienes lo reciben, sino también para quienes lo expresamos.

En base a lo mencionado, quiero compartirte el siguiente versículo en Proverbio18: 20-21 (NTV):

«Las palabras sabias satisfacen igual que una buena comida; las palabras acertadas traen satisfacción. La lengua puede traer vida o muerte; los que hablan mucho cosecharán las consecuencias».

Si comunicamos miedo, condenación, críticas y malas noticias, esto hará que nosotros mismos caminemos llenos de miedo y de temor, también que recibamos críticas y malas noticias. Yo pregunto: ¿Quién dijo que el mensaje debe ser negativo? ¿Quién afirmó que la mejor manera de comunicar es haciéndolo enojado, para mostrar autoridad y provocar miedo?

Por años se enseñó, que la forma correcta de persuadir a la gente para cambiar para bien su manera de vivir, era a través del miedo, estoy convencido que esta forma no es la correcta y mucho menos es necesaria para ganar la atención de la gente.

Escoger hablar del mejor mensaje, el de Jesús, es siempre la mejor opción; esto lo podemos hacer, comunicando acerca del movimiento que Él construyó con su manera de vivir y su mensaje, el cristianismo. Este se basa en el modelo de vida de Jesús, en los Evangelios, que significa las buenas noticias acerca de Él, sustentados en una historia llena de amor a Dios, y de amor por el mundo.

Cuando entendemos que Jesús, es el mensaje que todos deseamos escuchar, nos encargamos de comunicarlo a todos, repetirlo cuantas veces sea necesario, lo hacemos viral en las redes sociales, en nuestro trabajo, en la universidad, en nuestro hogar, en cualquiera que sea nuestro espacio de convivencia diario. Te aseguro, que es más sencillo de lo que imaginas, además, aclaro, que podrás tener una conversación normal en tu lugar de trabajo, y que no perderás tu empleo o tu matrimonio ...jajaja... Compartir el mejor mensaje, es posible cuando comunicamos acerca de: Su Gloria, su Poder, su Amor y su Cruz.

Comunicar de Su Gloria...

Es mencionar cada obra que Jesús hizo en tu vida, cada cambio positivo, cada milagro, todo aquello que te ha dado paz y alegría, esto provocará que Jesús sea conocido y honrado. Comunicar de su Gloria es creer que Jesús hizo un milagro en tu vida porque te ama y quiere lo mejor para ti, pero también para qué otros lleguen a sus pies, al ver el cambio en ti.

Tal como sucedió con la vida de Lázaro, reflejado en la Biblia en Juan 11:4 (NVI)

«Cuando Jesús oyó esto, dijo: 'Esta enfermedad no terminará en muerte, sino que es para la gloria de Dios, para que por ella el hijo de Dios sea glorificado"».

La mejor obra

Por eso necesitamos hablar de los cambios que Jesús hizo en nuestras vidas, comuniquemos como Jesús transformó nuestras relaciones, nuestro matrimonio, lo que hizo en nuestra economía, para que las personas deseen a Jesús en sus vidas.

Hagamos saber a la gente que es sencillo, que si ellos creen en Jesús verán su Gloria en sus vidas.

Comunicar de Su Poder...

Es hablar de lo que Jesús hizo por amor a nosotros, es comprender que la máxima expresión del poder de Dios, es la salvación entregada de manera gratuita, como un acto de amor por la humanidad. Es probable que esto, no concuerde con lo que hemos escuchado o leído antes, porque el mensaje frecuente dice que Dios es poderoso para castigarnos, que Él está en todo lugar, así que debemos temerle a su Poder, que puede consumirnos en cualquier momento.

Pero veamos qué dice Romanos 1:16 (NTV)

«Pues no me avergüenzo de las buenas obras acerca de Cristo, porque es poder de Dios en acción para salvar a todos los que creen...»

Seamos los mejores comunicando que, el Poder de Dios se muestra en cada acción de Jesús, en un intento de amar y restaurar nuestra relación con Dios. Comuniquemos que el Poder de la salvación, es más grande que cualquier pecado, no existe acción, ni persona u objeto que pueda superar el Poder del evangelio. El evangelio no se puede usar como un mecanismo de condena, sino de esperanza. Comuniquemos lo siguiente: Por encima del Poder del evangelio no hay nada, Jesús murió en la cruz para darnos una mejor vida.

> **El evangelio no se puede usar como un mecanismo de condena, sino de esperanza.**

Comunicar de Su Amor...

Es hablar y demostrar con nuestra manera de vivir, que no caminamos con temor de un castigo, o de un mal venidero, porque entendemos que existe un Dios que nos ama. De esta forma demostramos, que realmente creemos que Jesús es el Hijo de Dios, el que fue enviado y entregado por amor a nosotros, por eso caminamos y hablamos seguros, con paz que Dios nos ama.

Jesús siempre mostró una confianza plena en Dios, en cada situación Él estaba seguro que su Padre estaría cuidando su vida, actuando a su favor. Me encanta la manera que se expresa Jesús, justo antes de resucitar a su amigo Lázaro:

«...Padre, te doy gracias porque me has escuchado. Ya sabía yo que siempre me escuchas, pero lo dije por la gente que está aquí presente, para que crean que tú me enviaste» (Juan 11:41-42, NVI).

133

La mejor obra

Él afirma: «Ya sabía yo que siempre me escuchas», estoy seguro que lo decía por el afán de contagiar a la gente alrededor, a que confiaran plenamente en el amor de Dios. La Biblia dice: «... en el amor no hay temor, sino que él amor perfecto echa fuera el temor. El que teme espera el castigo, así que no ha sido perfeccionado en el amor» (1 Juan 4:17-18, NVI).

Si estás confiando en Su amor, no puedes comunicar miedo.

Comunicar de Su Cruz...

Es expresar de todas las formas posibles, el significado que tiene la Cruz de Jesús para tu vida. Lo que sientes cuando recuerdas esa cruz, donde Jesús perdió todo para darnos una nueva vida, si puedes hacer una lista de palabras que le den significado a tu relación con esa cruz ¿Cuáles serían? Quiero compartir contigo mi lista:

La cruz me inspira hablar de...

- Libertad
- Paz
- Oportunidad
- Esperanza
- Perdón
- Amistad
- Amor infinito
- Restauración

- Alegría
- Vida
- Fe

Ahora, es tu momento: ¡Crea tu propia lista para que seas lleno de inspiración y convicción en comunicar el mejor mensaje... Jesús!

Finalizo este tema con la siguiente afirmación: «Comunicar el mejor mensaje provocará en ti una mejor vida»

capítulo 10

Reflejos

...En Jesús la mejor obra de Dios es perfeccionada.

El ser humano, en esencia fue creado perfecto. La idea de Dios era un hombre y una mujer sin pecado, ni enfermedades; pero luego del pecado cometido por Adán y Eva, nuestra naturaleza fue alterada para siempre. Desde ese momento hasta entonces, las personas luchan con sus imperfecciones, cargan el peso de las consecuencias de sus decisiones. En otras palabras, la humanidad viene de un linaje de pecado. Dios, después de tantos años de vivir, en una relación fracturada con su creación más valiosa, se plantea restaurarla para poder acercarse a ella y así poder amarla.

Este plan era maravilloso, pero a la vez era doloroso, la manera de restaurar esa primera obra perfecta, convertida en «mejor obra» por el pecado, era entregar a su Hijo Jesús; Éste, tal como menciona La Biblia, no se aferró a su grandeza, sino que se despojó de toda su Gloria, para ser como uno de nosotros, de esa creación, que forma parte de la mejor obra.

Jesús llega al mundo y lo sacude por completo, modelando un estilo de vida muy por encima del expresado por una humanidad enferma y llena de oscuridad.

La mejor obra

Él vino a la tierra, demostrando que es posible ser mejores cada día; tomo su vida para concluir y afirmar que Jesús representa la mejor versión de la humanidad. Su objetivo era mucho más profundo que representar al ser humano, Él vino a interponerse entre el castigo recibido por nuestros errores y el profundo amor de un Padre celestial que desea retomar la relación con sus hijos, para esto debía dar su propia vida que tenía un valor mucho más alto.

«Jesús entregó su vida para restaurar nuestra imagen para siempre»

Es así como Él entrega su vida, en un acto de amor y de voluntad propia para un propósito eterno: Sanar esa obra que fue golpeada, restaurando nuestra imagen para siempre. Es por todo lo que he comentado hasta ahora, que me permito compartirte las siguientes conclusiones:

- En Jesús la mejor obra de Dios es perfeccionada, porque solo en Él observamos una obra terminada.

- Solo a través de Jesús, Dios puede vernos como una obra restaurada y sin manchas, por medio de su sacrificio podemos acercarnos a nuestro Creador sin temor, con la libertad de ser aceptados.

- El mayor privilegio, que podemos tener en cada una de
nuestras vidas, es llegar a
ser el reflejo de alguien mayor que nosotros, Jesús.

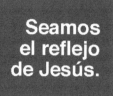

Seamos el reflejo de Jesús.

- Debemos crecer y ser mejores cada día, sabiendo que lo importante no es estar bajo el foco de la
luz del éxito, sino el ser como espejos, capaces
de REFLEJAR a Jesús en todo lo que hacemos.

Necesitamos reconocer el valor de las personas, por
encima del resto de la creación de Dios y de todo sistema creado por el hombre. Entender que el abandono
y desaparición de los sueños, se hace presente cuando dejamos de expresarnos tal y como somos: Únicos, genuinos e Imperfectos. Más aun, que el temor no
puede paralizar nuestras vidas, solo debe recordarnos
que necesitamos de Dios para continuar. Reconocer
sin lugar a dudas, que la gracia de Dios rompe todos
los límites, nos hace libre para acercarnos a Él y a sus
bendiciones.

Debemos entender que lo nuevo en cada una de
nuestras vidas, está conectado a nuestra necesidad
de: aprender, mejorar y crecer, y que esto dará entra-
da a escenarios ideales, para que nuestro Dios deje
una huella más profunda en nosotros.

Empezar a depender de Dios en su totalidad, dará
como resultado una mejor versión de nosotros y el

La mejor obra

«Jesús entregó su vida para restaurar nuestra imagen para siempre»

comunicar su mensaje, provocará una mejor vida, haciendo que esa obra que tanto ha amado nuestro Dios, deje de ser lo que es y se convierta en lo nunca debió dejar de ser: La obra perfecta.

¡Seamos el REFLEJO de la obra perfecta, Jesús.

Reconocimientos

A mi familia...

Eulises y Claret... mi papá y mi mamá, son los héroes que regaron la semilla que Dios puso en mí, con amor y disciplina me formaron, hoy amo a Dios y le sirvo a Él gracias a ustedes, que me enseñaron hacerlo desde niño. Los recuerdo en mis éxitos y mis fracasos, pensando que tan profunda es la huella que dejaron en mi vida. Los amo mucho, son los mejores padres y siempre estaré agradecido con ustedes.

Ruth, Ronald y Rustmary... mis hermanos, siempre estaré agradecidos por su apoyo y cariño en todo momento, los amo y deseo celebrar con ustedes muchos años más de vida.

A mis amigos...

Abisaivalmen... artista, gracias amigo por crear las pinturas que me sirvieron de inspiraron durante la producción de este libro. Además, por aportarlas para que fueran parte principal del diseño del libro.

Diana Manzanero... editora, gracias amiga por tu arduo trabajo y dedicación en la corrección de todo el manuscrito.

Juan Shima... diseñador, gracias amigo por tu apoyo y creatividad en la elaboración de toda la imagen del libro.

Emilio Frías, amigo, un honor contar con tu aporte en esta obra, muchas gracias, estoy seguro que miles de personas te agradecerán por bendecir sus vidas con tus palabras.

Javier Jordan, amigo, eres grande por tu gran corazón y sencillez para amar a la gente, valoro mucho tu tiempo y tus palabras aportadas a este libro.

Gustavo y Lili Falcón... líderes espirituales, gracias por amarnos y trabajar en nuestras vidas durante una temporada inigualable, los amamos y siempre estaremos agradecido por todo lo recibido de ustedes.

A todos mis amigos… siempre reconozco que lo que soy y lo que he logrado hasta ahora, es gracias a la inversión de muchas personas en mi vida que creyeron en mí, aun cuando yo mismo no apostaba a favor de lo que podría llegar a lograr. Los amo, siempre habrá un lugar en mi corazón para ustedes.

Muchas gracias.

Biografía

Eulises Gil, autor del Libro Crecer Está en Ti, nació en Maracaibo, Venezuela (1984). Se formó como Abogado, así como en el Programa de Estudios Avanzados en Ciencias y Técnicas de Gobierno del Instituto de Gerencia y Estrategias del Zulia; obtuvo la certificación del Curso de Actualización y Perfeccionamiento Docente de la Universidad del Zulia. En México recibió por parte del Gobierno Federal, la Certificación de Competencia Laboral para Impartición de Cursos de Capacitación Presenciales. En su carrera espiritual ha obtenido diferentes diplomas por sus estudios de Crecimiento Espiritual.

Trabajó como Consultor Jurídico y Profesor Universitario en su país de nacimiento. Ejerció liderazgo con jóvenes por más de 4 años, sirvió activamente en la Iglesia por más de 15 años en Venezuela. Recientemente finalizó una de las etapas más emocionantes y de mayor crecimiento en su vida donde trabajó como

Pastor Ejecutivo en la Iglesia Vida Monterrey, en la ciudad de Monterrey, México por más de 3 años.

Hoy en día, es escritor, comunicador contemporáneo, empático y propositivo que imparte conferencias y seminarios sobre sobre temáticas asociadas al desarrollo del crecimiento personal y espiritual en líderes, jóvenes y equipos de trabajos en Latinoamérica.

Está felizmente casado con Saraid, y juntos educan a sus hijos; Mathias y Sofía.

Made in the USA
Middletown, DE
06 November 2023

41920003R00086